저는
차트...
분석이
처음인데요

저는 차트분석이 처음인데요 2021년 개정판

초판   1쇄 발행 2012년 08월 20일
초판   3쇄 발행 2015년 07월 31일
개정판   1쇄 발행 2018년 01월 22일
개정판   4쇄 발행 2020년 11월 20일
개정2판 1쇄 발행 2020년 11월 30일
개정2판 2쇄 발행 2021년 11월 30일

지은이 강병욱
펴낸이 조기흠

기획이사 이홍 / **책임편집** 송병규 / **기획편집** 유소영, 정선영, 임지선, 박단비, 전세정
마케팅 정재훈, 박태규, 김선영, 홍태형, 배태욱 / **디자인 표지** 김종민 **본문** 디자인결 **수정** 이창욱 / **제작** 박성우, 김정우

펴낸곳 한빛비즈(주) / **주소** 서울시 서대문구 연희로2길 62 4층
전화 02-325-5506 / **팩스** 02-326-1566
등록 2008년 1월 14일 제 25100-2017-000062호

ISBN 979-11-5784-463-0 13320

이 책에 대한 의견이나 오탈자 및 잘못된 내용에 대한 수정 정보는 한빛비즈의 홈페이지나 이메일(hanbitbiz@hanbit.co.kr)로
알려주십시오. 잘못된 책은 구입하신 서점에서 교환해드립니다. 책값은 뒤표지에 표시되어 있습니다.

⌂ hanbitbiz.com ⓕ facebook.com/hanbitbiz ⓝ post.naver.com/hanbit_biz
▶ youtube.com/한빛비즈 ⓘ instagram.com/hanbitbiz

지금 하지 않으면 할 수 없는 일이 있습니다.
책으로 펴내고 싶은 아이디어나 원고를 메일(hanbitbiz@hanbit.co.kr)로 보내주세요.
한빛비즈는 여러분의 소중한 경험과 지식을 기다리고 있습니다.

똘똘한 생초보의 차트분석 입문기

저는 차트… 분석이 처음인데요

강병욱 지음

HTS

HB 한빛비즈
Hanbit Biz, Inc.

개정판에 부쳐

2008년 글로벌 금융위기가 터지고 10년이 넘는 시간이 흘렀습니다. 그동안 역사적으로 한 번도 겪어보지 못했던 많은 현상이 나타났습니다. 그중 대표적인 것이 일상적인 저금리, 저성장, 저물가 현상이 이어지는 새로운 정상, 즉 뉴노멀New Normal 현상입니다.

"주가는 기업가치를 반영한다"는 평범한 진리는 뉴노멀 현상 앞에서 어디까지가 진실이고 어디까지가 거짓인지 분간할 수 없을 정도로 흐릿해졌습니다. 금융위기 이후 미국과 유럽 주요국의 중앙은행들은 양적완화라는 명분으로 상상을 넘어서는 규모의 돈을 풀었습니다. 이렇게 엄청난 유동성 밑에서 주요국의 주가는 기업가치를 반영하는 듯하지만 어떤 부분에서는 반드시 기업가치를 반영하지 않을 수 있다는 것을 경험적으로 알게 해준 것입니다. 기업가치라는 주가의 등대가 그 빛을 잃어버릴 때, 주가를 예측할 수 있게 해준 것은 바로 기본적 분석가들이 무시해온 기술적 분석입니다.

"추세는 나의 친구Trend is my friend"라는 문구로 대표되는 기술적 분석이 미국 주식시장을 비롯해 주요국의 주식시장에서 기업의 실적만큼이나 기업의 주가 추세를 중요하게 여기게끔 만들었습니다. 그리고 투자자들은 그런 시간들을 10년이나 온몸으로 겪어왔습니다.

문제는 아직도 그 상태가 유효하다는 것입니다. 바로 이런 현상들이 기술적 분석을 등한시할 수 없는 환경적 요인입니다.

차트분석을 기반으로 하는 기술적 분석은 이론적인 배경이 약하고 또 통계적 검증에서 유효성을 얻지 못하면서 주류 학자들로부터 무시를 당해온 것이 사실입니다. 그러나 "기껏해야 차트, 그래도 차트"라는 말은 여전히 주식투자를 하는 사람들 뇌리 속에 남아 차트분석의 필요성을 강조하고 있습니다. 이론적 배경이 약하다는 이유만으로 무시하기에는 투자자들에게 주는 유용성이 크다는 것입니다. 이것이 《저는 차트분석이 처음인데요》의 개정을 추진하게 된 이유입니다.

《저는 차트분석이 처음인데요》는 지난 2012년에 출간된 이후 차트분석을 처음 접하는 투자자들에게 기본적이면서도 개념에 충실한 길라잡이 역할을 해왔습니다. 그리고 시간이 흘러 변화된 투자환경과 4차 산업혁명이라는 새로운 미래가 열리는 시점에 맞춰 보다 충실한 내용을 담아내고자 《저는 차트분석이 처음인데요 최신 개정판》을 출간하게 되었습니다. 최신 개정판은 HTS의 새로운 기능을 중심으로 내용을 보충하였고 또 응용문제들도 수정 보완하였습니다.

그렇다고 처음 출간할 때의 초심이 흐려진 것은 아닙니다. 《저는 차트분석이 처음인데요 최신 개정판》은 여전히 주식시장에 첫발을 들여놓은 투자자나 차트분석을 본격적으로 공부하고자 하는 투자자들이 개념을 익히고 응용할 수 있는 좋은 길동무 역할을 할 것으로 믿어 의심치 않습니다.

차트분석은 기본적 분석과는 비교도 안 될 정도로 긴 역사를 가지고 있습니다. 이제 이 책을 통해서 차트분석의 새로운 세계로 한걸음 들여놓으시기를 희망합니다. 앞으로 더욱 많은 관심과 사랑을 기대합니다.

경영학 박사 강병욱

머리말

그래도 차트입니다

주식투자를 하는 사람의 입장에서 가장 궁금한 것은 주식을 언제 사고 언제 팔아야 하는지, 즉 타이밍일 것입니다. 기업분석이나 포트폴리오분석 그리고 차트분석 등 여러 주식투자분석 방법 중 유일하게 매매시점을 파악할 수 있는 것이 바로 차트분석입니다. 또한 차트분석은 기업의 내재가치를 찾아가는 기업분석에 비해 그 역사가 비교할 수 없을 정도로 오래된 분석 기법입니다.

주식시장에서는 흔히 "기껏해야 차트, 그래도 차트"라는 말을 많이 합니다. 이 말은 '주가는 무작위적으로 움직인다'는 것을 알고 있는 사람들이 주가의 규칙성을 찾아서 매매에 적용하려고 차트분석을 시도하는 것이 무모해 보인다는 의미입니다. 특히 학문으로 주식투자를 연구한 전문가들 사이에서 차트분석은 학문적 기초가 없는 분석 방법으로 폄하되기도 합니다. 그러나 주식투자를 하는 그 어떤 사람도 차트를 보지 않고서는 현재 주가의 위치조차 알 수 없습니다. 차트분석은 결코 버릴 수 없는 소중한 주식투자분석 방법인 것입니다.

차트는 모든 투자자가 같이 보고 있는 자료입니다. 그러니 차트분석을 잘해나가기

6

위해서는 다른 사람들보다 더 열심히 과거의 주가 움직임에 대해 연구해야 합니다. 과거의 주가 패턴, 과거의 거래량 패턴, 그리고 그 패턴이 나타난 이후의 주가 움직임 등 많은 사례가 연구되어 있어야 한다는 것입니다. 그리고 차트분석은 무엇보다 자의적인 해석이 가능한 분석 방법이기 때문에 가급적 객관적인 입장에서 분석하려는 노력도 함께 기울여야 합니다.

차트분석은 의미 있는 역사적 통계입니다

차트분석은 통계입니다. 차트의 역사를 통계적으로 성찰하는 것입니다. 사람들이 통계를 어렵게 생각하고 있지만 사실은 '흩어져 있는 무의미해 보이는 자료를 하나로 모아서 의미 있는 자료로 만들어내는 것'이 통계입니다. 차트분석은 매일 발생되는 주가와 거래량 자료를 모아서 차트로 만들어 그 움직임을 보면서 매수시점과 매도시점을 파악해가는 것이니 차트분석은 분명 통계적 분석 방법임에 틀림없습니다.

그러나 미국의 경영학자 아론 레빈쉬타인의 "통계는 비키니와 같다. 그것이 보여주는 것은 암시적이지만, 숨기고 있는 것은 너무나 중요한 것이다"라는 말에서 알 수 있듯이 차트가 보여주는 것은 주가의 움직임과 거래량의 움직임이지만 그곳에는 너무나도 중요한 정보가 숨어 있습니다. 이 때문에 그 숨겨진 정보에 대한 통찰이 없으면 본질을 보지 못하는 실수를 범할 수 있습니다. 그 숨겨진 1%를 찾아내는 것이 차트분석의 성공 여부를 결정짓는 것입니다.

차트분석이 성공투자로 이끌지 못하는 것은 분석의 오류가 발생할 여지가 있는 것도 하나의 원인이겠지만 실제로 차트분석은 투자자에게 매매 타이밍을 알려주는 분석 기법이기 때문에 자칫 차트가 발생시키는 매매신호에 지나치게 매몰된 나머지 너무 잦은 매매를 하게 만드는 것도 원인입니다. 지나치게 잦은 매매는 매매비용을 감당하지 못하는 실수를 범할 수 있습니다. 그러니 차트분석을 할 때에는 가급적 매매를 자제할 수 있는 지혜가 필요합니다.

《저는 차트분석이 처음인데요》는 전작인 《저는 주식투자가 처음인데요》와 《저는 기업분석이 처음인데요》에 이어 주식투자 입문 시리즈를 완성하는 책입니다. 그동안 주식시장에서 실무와 연구를 하면서 나름대로 정립했던 투자분석 기법을 일반투자자들이 쉽게 접근할 수 있도록 하기 위해서 시작한 시리즈의 마지막 책인 것입니다.

차트는 든든한 방향타입니다

《저는 차트분석이 처음인데요》는 전작들과 마찬가지로 HTS Home Trading System에서 제공하고 있는 정보들을 보다 의미 있고 유용하게 사용할 수 있도록 많은 사례를 이용하였습니다. 이로써 차트분석에 익숙지 않은 독자들이 어렵게만 느꼈던 차트분석을 쉽게 배우고 또 실전에 적용할 수 있도록 구성하였습니다.

또한 갖가지 기술적 지표들이 구해지는 기본원리를 설명하고, 그 원리를 이용하여 기술적 지표들이 차트상에서 어떤 의미를 가지고 어떤 매매신호를 주는지 예시를 통해 보여줌으로써 기술적 지표에 대한 이해도를 높이는 데 도움이 되도록 하였습니다.

이제 우리 주식시장은 미국의 금융위기와 유럽의 재정위기가 불러올 경기침체라는 새롭고 힘겨운 도전에 직면하고 있습니다. 우리 시장이 어디로 움직일지, 어떻게 움직일지는 누구도 예상하기 힘든 상황입니다. 이때 우리의 앞길에 방향타 역할을 해줄 수 있는 것은 과거 주가의 역사를 기록한 차트일 것입니다. 따라서 새로운 주가의 상승 추세가 만들어지기 전까지 차트분석은 우리 투자자들에게 매우 중요한 투자판단 수단이 될 것이라고 생각합니다. 부디 《저는 차트분석이 처음인데요》를 통해서 차트분석의 기본적인 내용을 숙지하고 실전에 적용이 가능하도록 많은 노력을 기울여 투자자 본인의 재산을 지키고 끝내 성공투자에 이르게 되기를 바랍니다.

《저는 차트분석이 처음인데요》는 많은 사람의 애정과 관심으로 세상의 빛을 보게 되었습니다. 무엇보다 출판이 될 수 있도록 물심양면으로 도움을 주신 한빛비즈의 노

고에 감사드립니다. 특히 이 책의 편집자 권미경 에디터의 작업이 없었으면 출간은 감히 생각지도 못했을 것입니다. 지면을 빌어 감사드립니다. 그리고 키움증권 채널K 와 MTN 방송을 통해서 많은 격려를 아끼지 않으신 모든 분께 진심으로 감사드립니다. 누구보다 깊은 애정으로 저를 묵묵히 지켜봐준 가족들에게도 감사의 말씀을 전합니다.

모든 투자자가 행복해지는 그날까지, 투자자들 옆에서 건전하고 든든한 친구로 있을 것을 다짐합니다.

경영학 박사 강병욱

차트분석, 어떻게 공부할까요?

전문가들이 그래프를 보면서 설명을 해도 빨간색과 파란색만 보이고 무슨 소리인지 모르겠다면
1장 차트분석이 무엇인지부터 알고 가세요!

주식시장에서 매수세와 매도세 중 어느 쪽이 더 강한지를 알고 싶다면
2장 일봉차트의 원리를 먼저 파악하세요!

주가가 올라가면 언제 팔아야 하나 불안하고 주가가 떨어지면 언제 사야 하나 안달이 난다면
3장 시장의 추세를 분석하세요!

주가가 오르다 쉬고, 내리다 쉬고 난 다음 더 올라갈지 더 내려갈지 궁금하다면
4장 시장의 패턴을 공부하세요!

주가에 속고, 거래량에 속아서 의지할 지표가 없다면
5장 보조지표를 낱낱이 공부해보세요!

단기적인 매매보다는 큰 틀 안에서 주식시장의 움직임이 궁금하다면
6장 기술적 분석이론으로 큰 그림을 그려보세요!

시장의 매수주체가 궁금하고 자동으로 매매할 주식을 고르고 싶다면
7장 수급분석과 종목 발굴 기법을 공부해보세요!

10

1. 누구라도 차티스트가 될 수 있다! 이토록 쉬운 차트분석 입문

주식투자를 할 때 언제 사고 언제 팔아야 하는지 몰라서 마구잡이로 매매한 적은 없나요? 주식을 팔고 나니 올라가고 주식을 사고 나면 떨어져서 후회를 한 적은 없나요? 전문가도 매매시점 포착 기준으로 삼고 있는 차트분석. 이 책은 당신이 성공적으로 매매시점을 포착할 수 있도록 도와줍니다.

2. 주가가 걸어온 길을 통해 주가가 나아갈 방향을 예측하라!

차트분석은 주식시장에서 발생되는 주가와 거래량의 기록을 통해서 주가의 위치를 분석하는 방법입니다. 주가는 자신이 걸어온 길의 흔적을 되짚어 미래로 나아갑니다. 따라서 차트분석을 통해 과거 주가의 움직임을 정확히 파악해서 앞으로 주가가 어느 방향으로 갈지 알게 되는 흥분을 맛볼 수 있습니다.

3. HTS에는 주가의 과거, 현재 그리고 미래가 숨겨져 있다!

이 책은 개인투자자들이 가장 많이 사용하는 키움증권의 HTS를 중심으로 매매시점을 포착하는 방법을 알려 드립니다. HTS는 주문만 하는 도구가 아니라 다양한 형태의 차트를 제공합니다. 또한 많은 종류의 보조지표들도 보기 쉽게 그래프로 제공합니다. 이 책은 HTS에서 주가가 걸어온 과거, 현재의 주가 수준, 그리고 미래의 방향성을 찾아보게 합니다.

4. 주가의 패턴을 이해함으로써 실질적인 매매에 도움을 주는 책!

주가는 경제환경과 기업의 실적을 따라 움직입니다. 그러나 개인투자자들이 경제지표와 기업실적 자료를 모두 파악할 수는 없습니다. 차트분석은 차트라는 하나의 기준으로 많은 주식을 분석해서 매매 타이밍을 찾아줍니다. 이 책을 통해 주가 움직임과 주식매매에 대한 입체적인 지식을 키울 수 있습니다.

5. 차트분석을 위한 알짜 정보와 실전 연습문제!

차트분석은 단지 공부로만 끝나는 것이 아니라 실제 투자에 곧바로 적용할 수 있어야 합니다. 일광 씨의 Grow UP 문제에서는 차트분석에서 부딪힐 수 있는 문제들을 던지고 일광 씨의 Level UP 문제 풀이에서는 이를 쉽게 풀어줍니다. 투자자 스스로 실질적인 분석이 가능하도록 다양한 사례를 연습해볼 수 있습니다.

목차

1장 차트분석, 어렵지 않아요

2장 봉차트로 매매시점을 포착하라

3장 주가 추세를 이용한 매매전략

4장 시장 패턴을 이용한 매매전략

5장 보조지표로 매매시점을 포착하라

6장 이론으로 시장을 꿰뚫어라

7장 수급분석과 종목 발굴 기법

01

차트분석,
어렵지 않아요

온통 빨갛고 파란 선들로 가득한 차트에서
내게 필요한 정보를 발견하는 법을 알려줍니다.

"

차트의 복잡한 숫자들은 무엇을 가리킬까요?

차트의 불규칙한 선들은 무슨 의미일까요?

초보자에게 가장 어려워 보이는 것이 차트이지만

그 속에도 원리가 있습니다.

시간의 기록인 차트, 그 속에 깃든 이야기를 이해하면

주가의 흐름을 이해할 수 있습니다.

"

일광 씨의 Grow UP 문제

일광 씨는 주식투자 초보자입니다. 주식투자를 시작하면서 투자분석을 꼭 해야 한다는 말을 들었습니다. 그래서 책을 찾아보니 주식투자의 분석 방법에는 종목을 찾는 방법과 매매시점을 찾는 방법이 있다는군요. 모든 것을 한꺼번에 분석하면 될 것 같은데 왜 각각의 것을 따로 분석해야 하는지 조금 의아했습니다. 그래서 주식투자 전문가들에게 물어보기로 했습니다. 그런데 기업을 주로 분석하는 애널리스트와 차트를 주로 분석하는 차티스트의 조언이 각각 달랐습니다. 과연 어떤 분석 방법을 사용하는 것이 좋을까요? 함께 생각해봅시다.

애널리스트:
주식투자분석 방법의 기본은 당연히 기업분석입니다.
그래서 기본적 분석이라고 하는 것 아닐까요?
주가는 기업의 가치를 반영하는 것입니다.
따라서 기업의 가치를 모르고서 투자를 하는 것은 위험하죠.
차트는 매매 타이밍을 알려주긴 하지만
단기적인 투자에만 좋을 것 같습니다.

차티스트:
저는 차트분석이 더 중요하다고 생각합니다.
기업분석을 치밀하게 하려면 매우 많은 노력과 시간을
투입해야 합니다. 차트분석은 지표를 통해
비교적 간단하게 주가의 움직임을 분석할 수 있지요.
차트를 보지 않고 주식투자를 하는 것은 마치
의사가 엑스레이 촬영 결과도 보지 않고 진단하는 것과 같아요.

01

기본적 분석과 기술적 분석의 차이

주가의 움직임은
예측할 수 있다!

주가 움직임을 예측할 수 있을까요?

모든 기록은 역사가 됩니다. 과거 인류 선조들의 갑골문자를 비롯하여 인류가 기록해놓은 모든 것이 현대를 사는 우리들에게는 역사의 한 페이지로 다가옵니다. 우리는 왜 역사를 공부할까요? 과거의 경험을 통해 미래에 다가올 일들을 예측하고 또 대비하기 위해서입니다.

주식시장에도 기록들이 남아 있습니다. 바로 주가와 거래량이라는 기록입니다. 주가와 거래량의 기록을 면밀히 검토해서 미래 주가의 방향을 예측하려는 것이 기술적 분석입니다. 차트분석은 기술적 분석에 포함됩니다. 다시 말하면 차트분석에는 주가를 예측할 수 있다는 전제가 깔려 있지요.

주식시장에서 얻을 수 있는 이득에는 크게 두 가지가 있습니다. 첫 번째는 배당수입이고 두 번째는 매매차익입니다. 기술적 분석은 매매차익과 직접적으로 연결되어 있습니다. 즉, 낮은 가격에 사서 높은 가격에 파는 과정을 통해 차익을 얻을 수 있습니다. 주식투자에서의 성공과 실패 여부는 저가매수, 고가매도의 시기를 어떻게 예측하느냐에 따라 결정됩니다. 따라서 상승할 주식과 하락할 주식을 예측함으로써 또는 어떤 주식의 주가가 어느 정도까지 상승하고 어느 정도까지 하락할지를 예측함으로써 결정되는 것입니다. 이는 곧 주식투자가 미래 주가의 움직임을 예측하는 영역에 있다는 것을 의미합니다.

문제는 미래 주가의 움직임에 대한 예측이 가능하다고 보느냐, 불가능하다고 보느냐에 따라서 분석을 하는 방법이 달라진다는 점입니다. 먼저 주가의 움직임을 예측할 수 있다고 보는 측면에서는 기술적 분석이 가능합니다. 반면 주가의 움직임은 예측할 수 없다고 보는 측면에서는 기술적 분석을 통해 시장에서 초과수익을 내는 것이 불가능하다고 여기는데, 이를 랜덤워크이론Random Walk Theory이라고 부릅니다. 랜덤워크이론에 따르면 주가는 아무도 예상하지 못하는 신의 영역에 있으므로 개인이든 기관투자자든 모두가 분산투자를 통해서 위험을 관리해야 합니다. 그리고 이런 시각이 현대 학계에서는 정설로 받아들여지고 있습니다.

우리가 지금부터 하려는 작업은 주가 예측이 완전하지는 않지만 그래도 어느 정도는 가능하다는 가정하에 접근하는 것입니다. 즉, 기술적 분석은 '주가는 예측할 수 있다'는 가정을 가지고 출발합니다. 이러한 가정은 기업을 분석해 미래의 주가를 예측하는 기업분석, 즉 기본적 분석에도 해당됩니다. 하지만 이들 두 가지 분석법도 서로 접근하는 방법이 다릅니다.

기술적 분석과 기본적 분석은 어떻게 다를까요?

기본적 분석의 목적을 간단히 말하면 저평가된 주식을 찾아내는 것입니다. 즉, 주가가 기업가치에 비해 저평가되어 있으면 매수하고, 기업가치에 비해 과대평가되어 있으면 매수하지 않거나 매도하는 방법으로 종목을 선택합니다.

이에 비해 기술적 분석의 기본 목적은 매매 타이밍을 찾아내는 것입니다. 즉, 기업가치를 포함한 모든 요소가 이미 가격에 반영되어 있기 때문에 수요와 공급에 따라 가격이 결정된다고 여깁니다. 그래서 가격의 흐름을 잘 파악한다면 주식의 매매시점을 예측할 수 있다고 보는 것입니다. 따라서 기술적 분석이란 매매시점을 파악할 수 있도록 과거의 시세 흐름과 그 패턴을 파악해서 정형화하고 이를 분석하여 미래의 주가를 예측하고자 하는 분석 방법을 말합니다.

기본적 분석과 비교해보세요

기본적 분석은 기업의 주가가 해당 기업이 가지고 있는 본질가치를 중심으로 변동한다고 가정합니다. 그리고 본질가치에 영향을 주는 경제, 산업, 기업의 요인들을 분석하여 기업의 본질가치와 시장가치를 비교분석함으로써 투자 여부를 판단합니다.

기본적 분석을 하는 방법은 접근 방법에 따라 거시적인 방법과 미시적인 방법으로 구분됩니다.
거시적인 접근 방법은 경제분석 → 산업분석 → 기업분석 순으로 큰 부분부터 분석하여 종목을 선택하는 방법입니다. 미시적인 접근 방법은 기업분석 → 산업분석 → 경제분석과 같이 작은 부분부터 큰 부분으로 옮겨가는 분석 방법을 말합니다. 일반적으로 거시적인 접근 방법은 주로 자료수집 능력이나 정보 분석력이 다소 떨어지는 일반투자자들이 사용하는 방법인 반면, 미시적인 접근 방법은 기업 정보에 대한 정보수집과 분석 능력이 막강한 기관투자자들이 사용하는 방법이라고 할 수 있습니다.

기본적 분석에서 경제분석은 경기상황, 금리, 통화, 해외변수 등 주로 거시적인 관점에서 분석하여 주가 흐름의 대세를 분석하는 데 이용되고, 산업분석은 경제분석을 바탕으로 각 산업의 동향을 파악하여 이후 유망산업을 선정하는 데 이용되며, 기업분석은 경제분석과 산업분석을 바탕으로 유망하다고 판단되는 업종에서 각 기업의 미래 수익성을 예측하고 기업의 내재가치를 추정하여 유망종목을 선정하는 데 이용됩니다.

기본적 분석을 하는 방법은 세부 방법에 따라 질적 분석과 양적 분석으로도 나눌 수 있습니다.
질적 분석이란 경기 및 산업동향, 정치, 노사 문제, 정책, 경영자의 경영능력 등 수치화하기 어려운 사항을 분석하는 것이고 양적 분석이란 각종 경제지표, 산업지표, 기업의 재무제표 등 수치화가 가능한 사항을 분석하는 것입니다. 양적 분석은 다시 경기순환이나 금리, 물가, 환율 등과 같은 외부적 요인과 기업의 재무제표와 관련한 내부적 요인으로 구분됩니다.

02

차트분석의 유용성과 한계점

왜 차트분석을
해야 하는가?

기술적 분석에는 필수 가정이 있습니다

기술적 분석을 할 때 가장 기본적인 목적은 차트의 흐름을 면밀히 검토하고 주가의 규칙성을 찾아내서 매매 타이밍을 찾는 것입니다. 즉, '과거의 주가 움직임이 이러이러했으니 앞으로도 그렇게 될 것이다'라는 가정을 충족시키기 위해서 일봉의 패턴은 물론, 추세의 움직임, 각종 보조지표들을 통해 과거의 패턴을 정리하는 것이 필요합니다. 그러나 기술적 분석이 가능하려면 다음과 같은 네 가지 가정이 필수입니다.

1 주식의 시장가치, 즉 주가는 수요와 공급에 의해서만 결정된다고 봅니다. 사려는 세력과 팔려는 세력 간의 힘의 균형점에서 주가가 형성된다는 것입니다.

2 시장의 사소한 변동을 고려하지 않는다면 주가는 지속되는 추세에 따라 상당 기간 움직이는 경향이 있다고 봅니다. 즉, 주가가 한 번 움직이기 시작하면 일반적으로 추세를 가지고 움직여서 올라가는 주식은 상당 기간 오르려는 속성이 있고 또 내려가는 주식은 상당 기간 내려가려는 속성이 있다는 것입니다.

3 추세의 변화는 수요와 공급의 변동에 따라 일어난다고 봅니다. 상승추세에서 하락추세로의 전환은 매수세력보다 매도세력이 더 강해지기 때문에 나타나는 것이고, 하락추세에서 상승추세로의 전환은 매도세력보다 매수세력이 더 강해지기 때문에 나타난다고 보는 것이지요.

4 수요와 공급의 변동은 그 발생 사유에 관계없이 시장의 움직임을 나타내는 도표를 통해 추적할 수 있으며, 도표에 나타나는 주가 모형은 스스로 반복되는 경향이 있다고 봅니다. 그래서 기술적 분석을 차트분석이라고 하는 것입니다. 차트분석을 위해서는 과거 주가의 움직임에 나타나는 패턴, 추세, 주가와 거래량의 상관성 등을 꼼꼼히 분석하고 기억해야 합니다. 이를 통해 미래 주가의 움직임을 알 수 있습니다.

기술적 분석은 왜 유용할까요?

기술적 분석은 투자자들에게 다음과 같은 유용성이 있습니다.

1 기본적 분석을 통해서는 알 수 없는 것이 있는데 그것은 바로 시장 참여자들의 심리상태입니다. 그러나 기술적 분석은 시장이 과열상태인지 아니면 침체상태인지 등을 알려줌으로써 시장에서의 심리분석도 가능하게 해줍니다. 즉, 기본적 분석에서는 저평가된 상태와 고평가된 상태를 알 수 있지만 지금 시장에서 투자자들이 흥분해 있는지 공포에 싸여 있는지를 알 수 없습니다. 반면 기술적 분석에서는 그런 탐욕과 공포의 심리상태를 잘 알 수 있습니다.

2 기본적 분석에서는 언제 사고 언제 팔아야 하는지의 매매시점을 알 수 없습니다. 그러나 기술적 분석에서는 언제 사고 언제 팔아야 하는지를 정확하게 알려줍니다. 그렇기 때문에 기술적 분석을 통해서 매매 타이밍을 어떻게 잡아야 하는지 반드시 확인해야 합니다. 즉, 기술적 분석을 하면서 유의해야 할 점은

어떤 포인트에서 매수 또는 매도를 해야 하는지를 정확하게 이해하고 포착하는 것입니다.

3 기술적 분석은 하나의 기준으로 동시에 여러 가지 종목을 분석할 수 있다는 유용성도 있습니다. 기본적 분석을 위해서는 기업을 일일이 분석해야 하는데 개개의 기업이 처한 상황이 모두 다르기 때문에 통일된 분석 기준을 만들기가 매우 어렵습니다. 그래서 기본적 분석은 시간과 비용이 많이 드는 분석 방법입니다. 그러나 기술적 분석은 차트분석이라는 하나의 기준으로 여러 종목을 동시에 분석할 수 있기 때문에 시간과 비용을 줄일 수 있다는 장점이 있습니다.

이러한 기술적 분석의 유용성에도 불구하고 기술적 분석은 시장에서 홀대를 받고 있습니다. 왜 그럴까요? 이유는 다음과 같습니다.

1 주식시장에서는 과거의 주가 패턴이 미래에 그대로 반복해서 나타나지 않는 경우가 많습니다. 즉, 어느 시점에서의 추세가 또 다른 시점에서 순환되거나 반복된다고 단정하기란 어렵습니다.

2 주가변동에 대한 해석은 분석하는 사람에 따라 달라질 수도 있습니다. 즉, 같은 모습의 패턴을 보고 어떤 사람은 상승을 예상하기도 하고 다른 사람은 하락을 예상하기도 합니다.

다음 페이지의 화면에서 볼 수 있듯이 앞으로의 주가가 지난번의 고점 수준을 넘어갈 것이라고 예측하는 사람이 있는 반면, 지난번의 고점 수준을 넘지 못할 것이라고 예측하는 사람도 있을 수 있다는 것입니다. 이렇게 기술적 분석은 같은 모습을 보고도 다른 해석이 가능합니다.

3 단기추세, 중기추세, 장기추세에서 추세의 기간을 명확히 구분하는 것이 어렵습니다. 예를 들어 어떤 사람은 단기추세를 하루하루의 변동으로, 중기추세를 1~2주의 기간으로, 또 장기추세를 3~6개월의 기간으로 정하는가 하면, 어떤 사람은 단기추세를 1주의 기간으로, 중기추세를 수주 또는 수개월의 기간으로, 장기추세를 1년 정도의 기간으로 정하기도 합니다. 이렇듯 추세의 기간에 대해 분석자들마다 설정이 달라질 수 있습니다.

4 기술적 분석은 이론적인 검증이 어렵습니다. 그렇기 때문에 랜덤워크이론이 지지를 받고 있습니다.

위와 같은 기술적 분석의 한계점에도 불구하고 아직도 많은 투자자와 증권연구가들이 계속해서 이 분석 방법을 이용하고 있는 이유는 무엇일까요? 바로 기술적 분석의 기본적인 틀이 투자결정에 현실적으로 도움이 될 뿐만 아니라 기술적 분석에서 사용하고 있는 여러 가지 기법이 충분히 연구하고 사용할 가치가 있다고 생각하기 때문입니다.

03

차트분석 방법의 종류

차트, 어떤 방법으로
분석할 것인가

차트를 분석하는 방법은 크게 추세분석, 패턴분석, 기술적 지표분석 등으로 구분할 수 있습니다.

주가는 추세를 보이며 움직입니다

추세분석은 주가가 일정 기간 일정한 추세를 보이며 움직이는 성질을 이용하는 분석 기법입니다. 주가가 무작위적으로 움직이는 것 같지만 주가의 움직임을 그래프로 그려보면 상승이나 하락 또는 횡보 중 어느 하나의 추세를 따라서 움직인다는 것을 알 수 있습니다. 이런 추세를 선으로 이은 것이 바로 추세선입니다. 추세선은 한 번 형성되면 상당 기간 이어지는 것이 일반적입니다. 그러나 그 추세가 한쪽 방향으로만 지속되는 것이 아니라 상승이나 하락으로 또는 횡보세로 나타나는 등 새로운 추세를 만들어나가기도 합니다. 또한 추세선을 이용하면 지지선과 저항선을 그림으로써 주가의 지지대와 저항대를 파악할 수 있습니다. 추세분석은 이와 같이 변화하는 주가의 움직임으로부터 그려지는 추세선 및 지지와 저항 수준을 이용하여 주식의 매매시점을 포착하려는 기법입니다.

추세의 변화에는 패턴이 있습니다

패턴분석은 주가의 추세가 변화될 때 나타나는 여러 가지 주가변동의 모습을 미리 정형화해놓고 실제로 나타나는 주가변동의 모습에 맞춰봄으로써 앞으로의 주가 추이를 미리 예측하고자 하는 분석 기법입니다. 추세분석이 주가 흐름을 동적으로 관찰하여 주가 흐름의 방향을 예측하는 것이라면, 패턴분석은 주식시장의 정적인 관찰에 역점을 둠으로써 주가의 전환시점을 포착하는 것이 목적이라고 볼 수 있습니다. 기술적 분석의 가정 중 하나인 "과거의 주가 패턴이 미래에도 반복적으로 나타난다"는 바로 패턴분석의 유용성을 말해주는 것입니다.

그러나 시장에서 일반적으로 인식되고 있듯이 주가가 과거의 패턴을 반복하는 것이 아니라 무작위적인 움직임을 보이면 패턴분석이 제대로 들어맞지 않을 가능성도 배제할 수 없습니다. 이러한 패턴분석은 지금까지의 추세가 전환되는 반전형 패턴, 그리고 지금까지의 추세가 이어지는 지속형 패턴으로 구분하여 시장에서의 매매시점을 포착합니다.

기술적 지표가 그래프를 보조합니다

기술적 분석은 주가와 거래량을 이용한 그래프 분석을 기본으로 합니다. 그러나 주가와 거래량만으로는 분석의 신뢰도를 높이지 못하므로 보조적으로 기술적 지표를 만들어 분석에 사용합니다. 이 때문에 기술적 지표분석은 보조지표분석이라고도 합니다. 이는 현재 시장의 수급상태가 과열상태인지 또는 침체상태인지를 파악해 매매시점을 포착하려는 분석 방법입니다. 따라서 현재의 주가 수준이 과매도상태인지 또는 과매수상태인지를 판단해서 매수시점 또는 매도시점을 파악할 수 있습니다. 결국 기술적 지표분석은 여러 가지 지표들을 동시에 살펴봄으로써 분석의 신뢰도를 높이려는 차원에서 사용되는 경우가 많습니다.

04

차트의 종류

다양한 차트로
기술적 분석을 시도하라

차트의 다양한 형태를 이해하세요

기술적 분석의 가장 기본이 되는 것은 주가와 거래량 데이터를 가지고 만들어놓
은 차트입니다. HTS 메뉴 중 차트 → 업종종합차트로 들어가면 다음과 같은 화
면이 나옵니다. 투자자들이 가장 많이 보는 일반적인 차트는 봉차트입니다.

HTS에서는 봉차트 외에도 다양한 형태의 차트가 제공되고 있습니다. 먼저 이들 차트의 종류를 볼 수 있는 방법에 대해 살펴보겠습니다. 차트 화면에서 왼쪽 메뉴바의 [차트형태]를 눌러보면 여러 차트의 이름들이 나타납니다. 이들을 하나 씩 눌러보면 다양한 형태의 차트들을 만나볼 수 있습니다.

HTS의 도움말에는 각 차트에 대한 간단한 설명과 설정 방법이 나와 있습니다. 여기서는 각 차트별 설명을 간단하게 살펴봅시다.

봉차트 ┃ 일명 일본식 차트로 통하는 봉차트는 시가, 고가, 저가, 종가로 구성된 가격차트입니다. 일반적으로 봉차트는 매수세와 매도세의 힘의 크기와 가격의 변화를 한눈에 파악할 수 있도록 막대모양의 봉으로 표시해서 보여주며, 몸통과 꼬리로 구성되어 있습니다. 봉의 몸통은 시가와 종가로 구성되며, 봉의 꼬리는 고가와 저가로 구성됩니다. 봉의 몸통 색상은 일반적으로 당일 종가가 시가보다 상승 시에는 적색으로, 하락 시에는 청색으로 설정합니다.

바차트 │ 바차트는 일명 미국식 차트로 통합니다. 시가, 고가, 저가, 종가로만 구성된 가격차트입니다. 바에서 최고는 봉의 최고가를, 최저는 봉의 최저가를 의미합니다. 시가는 바의 왼쪽에 잔가지로, 종가는 바의 오른쪽에 잔가지로 표현합니다. 바의 기본 설정은 가격상승 시에는 적색으로, 가격하락 시에는 청색으로 표현되어 있습니다. 바차트는 봉차트에 비해 몸통이 작아 같은 화면에 더 많은 기간의 차트를 볼 수 있다는 장점이 있습니다. 일부 전문가들은 바차트가 봉차트를 이용할 때보다 추세대, 저항대, 지지대를 더 정확하게 파악할 수 있다는 이유로 많이 사용하고 있습니다.

종가선차트 │ 종가선차트는 간단하게 종가만을 이어 만든 선형차트로 '라인차트'라고도 부릅니다. 이 차트는 시가, 고가, 저가는 무시하고 단순 종가만을 연결하기 때문에 작성하기가 쉽고 장기적인 추세의 흐름을 파악하기 쉽다는 장점이 있습니다. 그러나 하루 동안의 가격의 변동을 나타낼 수 없다는 단점이 있습니다. 사용자는 자신이 원하는 색으로 변경할 수 있습니다.

매물대차트 ┃ 가격대별 거래량의 비율을 가격대에 바 형식으로 구현한 차트입니다. 거래가 집중적으로 이루어진 구간, 즉 매물대를 분석하는 데 사용됩니다. 가격차트와는 달리 '매물 가격대 개수'라는 변수가 있는데, 이 변수는 가격대를 변수의 수치로 나누어 매물대 바의 개수를 만들어줍니다.

매물대를 설정하는 방법은 다음과 같습니다.

차트 상단의 '매물대 수(10)'를 더블클릭하면 위와 같은 가격차트 설정창이 나타납니다. 여기서 매물대를 몇 개로 할 것인지 설정하면 됩니다. 이때 매물대 수는 현재 주가 움직임의 지지대와 저항대를 가장 잘 보여주는 개수를 판단하여 조정해가면서 설정하면 됩니다.

P&F차트 ┃ P&F차트는 시간의 개념을 약간 벗어난 차트로, 가격의 상승과 하락을 중심으로 하여 추세를 분석할 때 사용되는 차트입니다. 기준가격 이상으로 상승 시에는 적색으로 ✕를 표시하며, 기준가격 이하로 하락 시에는 청색으로 ○를 표시합니다. 이때 시간의 개념은 제외되며, ✕와 ○ 간의 전환 시에만 한 칸 이동하게 됩니다. P&F차트에서는 '칸 전환'과 '칸 크기'라는 변수가 있어 사용자가 원하는 차트를 구현할 수 있습니다. P&F차트에서는 다음 화면에서와 같이 주가 움직임의 패턴을 이용하여 매매에 적용할 수 있다는 점도 기억해야 합니다.

삼선전환도 ┃ 삼선전환도는 P&F와 비슷한 개념으로, 칸 전환 변수 이상의 주가 변동이 발생할 때 청색 또는 적색으로 차트가 변경됩니다. 주가상승 시에는 적색으로, 하락 시에는 청색으로 표현합니다.

삼선전환도를 이용할 경우 양 전환시점에서 매수로 대응하고 음 전환시점에서 매도로 대응합니다. 그러나 양 전환과 음 전환은 시간적으로 늦게 발생하는 경우가 많아 고점 대비 10% 이상 상승하거나 저점 대비 10% 이상 하락할 때 매매 대응을 하는 것이 바람직합니다.

스윙차트 | 스윙Swing차트는 P&F차트와 유사한 차트로 시간 개념은 무시하고 오로지 시장가격의 등락만을 표시하여 시장의 추세를 파악하고자 하는 차트입니다. P&F차트는 ○와 ×로 표시되는 반면, 스윙차트는 단순히 직선으로 그린다는 점에서 구분됩니다.

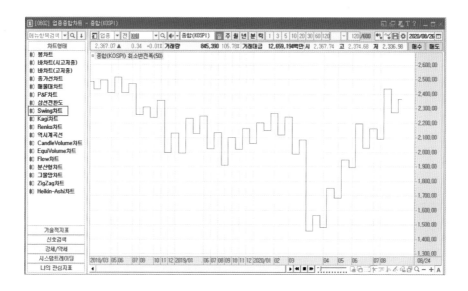

카기차트 | 카기Kagi차트는 불규칙적인 가격의 변동을 예측하는 데 쓰이기 때문에 시장의 주추세를 파악하는 데 도움을 줍니다. 추세를 결정함으로써 거래자들은 주추세와 같은 방향으로 더욱더 신중하게 새로운 거래 포지션을 취할 수 있습니다. 예를 들어 카기차트가 상향추세를 보이고 있는 가운데 음양초봉차트(음초봉과 양초봉)가 단기강세신호를 보이고 있다면 이를 매수시점으로 볼 수 있습니다.

반대로 카기차트는 강세, 음양초봉차트는 약세를 보이고 있다면 이는 기존에 매수한 주식을 청산하는 시점으로 볼 수 있습니다.

카기차트는 가격의 움직임을 압축시켜놓은 것이므로 시장상황에 대해 좀 더 넓은 시야를 제공할 뿐만 아니라 시세의 장기적인 전망도 보여줍니다.

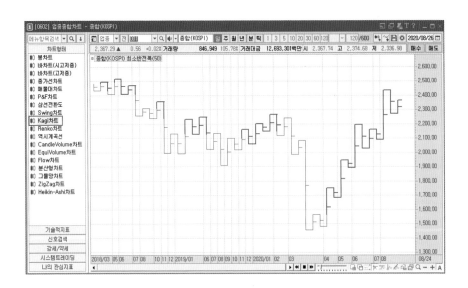

이 차트의 가장 큰 특징은 굵고 가는 수직선인데, 시세의 방향을 나타내는 카기선의 굵기와 방향에 의해서 시장상황의 변화가 나타나는 것입니다. 시세가 기존의 카기선과 같은 방향으로 움직인다면 이 선은 계속 연장되지만 시세가 미리 정해진 되돌림 가격폭 이상으로 연장된다면 반대편에 새로운 카기선이 그려집니다. 이때 특징은 만약 시세가 이전의 저점이나 고점을 벗어난다면 카기선의 굵기가 변한다는 것입니다.

카기차트는 보통 일별 혹은 주별 종가를 이용해야 신뢰도가 높아지는 경향이 있습니다. 매수시점은 카기선이 음선에서 양선으로 바뀌는 시점입니다. 시세가 직전 고점 이상으로 올라갈 때 카기선은 굵어지고, 직전 저점 이하로 내려갈 때 카기선은 가늘어집니다.

렌코차트 　 렌코Renko차트에서는 전날의 종가보다 올랐으면 적색 벽돌을, 내렸으면 청색 벽돌을 그려주는데 주가변동값이 설정값을 넘어선 경우에만 그려줍니다. 현재 HTS에서는 최소변화폭이 25포인트로 설정되어 있습니다. 렌코차트의 기본적인 추세 전환은 새로운 적색 또는 청색 벽돌이 생겼을 때입니다. 즉, 새로운 적색 벽돌의 출현은 새로운 상승추세의 시작을 의미하며, 새로운 청색 벽돌의 출현은 새로운 하락추세의 시작을 의미합니다.

이큐볼륨차트 　 이큐볼륨EquiVolume차트는 일반 봉에 거래량을 합한 개념으로, 해당 봉의 거래량이 전체 거래량에서 차지하는 비율로 봉의 좌우 폭을 표시합니다. 따라서 거래량이 많으면 많을수록 봉의 폭은 커집니다. 이큐볼륨차트의 봉 모양은 해당 거래기간 동안 주식의 수요와 공급을 나타냅니다.

❶ 짧고 넓은 박스형(뚱보형): 작은 주가 움직임에 대량의 거래가 생긴 형태로서 고점, 저점에서 자주 등장합니다. 고점에서는 강한 매도세력이 버티고 있어서 전환점으로 작용하는 경향이 있고, 저점에서 나타나면 강한 매수세력을 동반한 것으로 상승 전환 가능성이 높다고 할 수 있습니다.

❷ 길고 좁은 박스형(키다리형): 작은 거래량으로 큰 폭의 주가변동을 나타내며 기존 추세를 지속적으로 이어갈 확률이 높습니다. 따라서 상승 시 길고 좁은 박스가 나타나면 특별한 저항 없이 추가 상승할 가능성이 높다고 판단합니다.

❸ 정사각형: 가로와 세로가 같은 모양으로 주가가 어느 정도 상승한 상태에서 나타나면 매도세력이 만만치 않게 존재한다는 것을 의미하며 추세 전환의 가능성이 있습니다. 반대로 바닥권에서 나타날 경우 이후 상승 흐름을 탈 가능성이 높다고 할 수 있습니다.

그물망차트 ▌ 여러 개의 이동평균선을 일정한 간격으로 그물처럼 펼쳐놓은 차트입니다. 주가 변화에 따라 이동평균선의 간격이 밀집, 확산하는 성질을 이용하여 추세 전환과 변곡 여부를 판단하는 데 사용하는 차트입니다. 밀집국면에서 간격이 벌어지기 시작하는 확장국면으로 이동평균선이 들어가면 추세가 발생하는 것으로 판단합니다.

HTS에서 차트 환경 설정하기

HTS에서 차트를 이용하기 위해서는 자신에게 가장 적절한 환경으로 설정해놓는 작업이 필요합니다. 초보자들도 쉽게 설정할 수 있는 방법을 하나씩 살펴보기로 하겠습니다.

먼저 차트를 불러오면 다음 페이지의 화면 오른쪽에 차트툴바가 생성됩니다. 여기서 ❶번의 톱니바퀴 모양의 버튼을 누르면 [차트환경설정] 창이 팝업으로 뜹니다. 이 창에서 자신이 가장 편하게 볼 수 있는 환경으로 설정하면 됩니다. 차트의 여백이나 봉 간격, 가격 정보 표시 요소들, 그리고 화면에 표시하고 싶은 요소들을 선택하세요. 차트를 이용하면서 환경을 수시로 조정해가며 자신에게 맞는 차트를 만드는 것이 중요합니다.

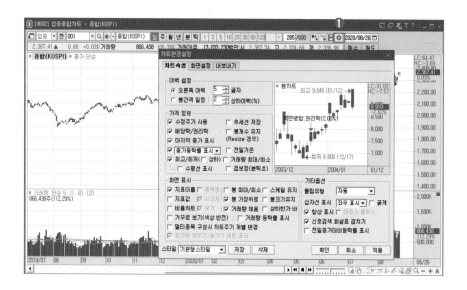

다음은 자신이 보고 싶은 차트의 유형을 고르는 방법입니다. [가격차트 설정] 팝업창에서 봉차트를 더블클릭하면 다음과 같이 차트가 나타납니다. 마찬가지로 각 차트 이름을 클릭해보면 오른쪽 화면에서 그림이 바뀌면서 해당 차트의 모양이 나타납니다. 이런 식으로 자신에게 맞는 차트 유형을 고르면 됩니다.

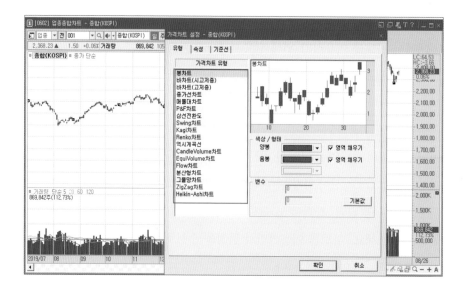

또한 이 가격차트 설정 팝업창에서는 [속성]이라는 탭을 클릭하면 다음과 같은 화면을 얻을 수 있습니다. 여기에서 'Log적용'과 '거꾸로 보기'를 선택할 수 있습니다.

Log를 적용한다는 것은 절대적인 가격대의 움직임보다는 비율을 보겠다는 뜻입니다. 즉, 1만 원에서 1,000원이 올라가면 10%의 상승률입니다. 그런데 2만원에서 같은 가격폭인 1,000원이 올라가면 상승률로는 5%밖에 안 되는 것이죠. 이런 비율을 통해서 차트를 그리려고 하는 것이 바로 Log 적용입니다. 그리고 거꾸로 보기는 말 그대로 차트를 거꾸로 보는 것입니다. 가끔씩 차트를 뒤집어보면 주가가 얼마나 올랐는지 또는 얼마나 내렸는지를 새롭게 돌아볼 수 있습니다.

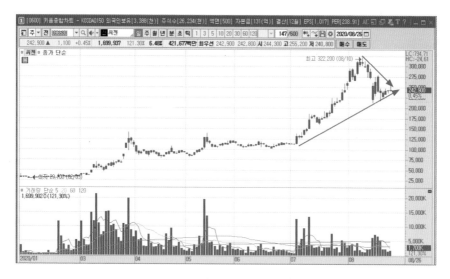

위의 두 화면에서 위쪽은 제대로 된 차트이고 아래쪽은 거꾸로 본 차트입니다. 현재의 시장을 이렇게 바르게 한 번, 그리고 거꾸로 한 번 본다면 주가의 위치를 보다 잘 이해할 수 있습니다. 예를 들어 위쪽 차트에서 보면 원래 차트의 모습은 주가가 하락한 이후 반등을 보이는 모습입니다. 그런데 반등이 제대로 성공할 지 판단이 내려지지 않는다면 아래쪽 그림과 같이 거꾸로 차트를 그려봅니다.

이때 거꾸로 그려본 차트에서 주가가 추가로 하락할 것처럼 판단된다면 제대로 된 차트에서는 주가가 상승할 것이라고 판단할 수 있습니다. 그래서 제대로 된 차트에서 주가의 방향이 애매하게 느껴질 때는 차트를 거꾸로 보는 것도 하나의 방법이 됩니다.

기술적 분석은 언제 시작되었을까요?

―

기술적 분석은 일본과 미국에서 그 유래를 찾아볼 수 있습니다.

먼저 일본의 기술적 분석의 역사를 알아봅시다. 주식시장 기록 가운데 가장 중요한 것은 과거의 주가나 거래량의 흐름과 관련된 기록들입니다. 주식시장에서 가격의 움직임을 기록하는 것이 차트인데 그 차트로 인해 큰 성공을 거둔 사람이 바로 일본에서 '거래의 신'으로 불리는 혼마 무네히사本間宗久입니다. 그는 오사카 도지마 곡물거래소에서 신출귀몰한 거래로 거대한 부를 축적하여 혼마가문을 에도시대의 최대 갑부 가문으로 만든 장본인으로, 일본인들에게 '상인의 하늘'이라고 여겨지는 전설적인 인물입니다. 현재에도 사용되고 있는 봉차트를 고안한 인물로도 알려져 있습니다.

혼마는 과거의 가격으로 미래의 가격을 예측하는 방법을 터득하였다고 합니다. 도쿠가와시대에는 쌀이 부의 기반이며 지배를 위한 수단으로 통용되었습니다. 또한 왕조를 유지하기 위해 오사카를 중심으로 쌀 거래가 빈번히 이루어지면서 쌀시장에서 본격적인 가격 결정 기능이 생겼을 뿐 아니라 시장의 구조가 형성되기 시작하였습니다. 시장의 발전과 더불어 미래의 쌀가격의 움직임을 예측하는 분석도구로 고안된 것이 바로 봉차트입니다. 특히 1700년대 혼마는 쌀가격의 흐름을 차트화하여 쌀의 수요와 공급을 이용한 매매를 본격화함으로써 거대한 부를 축적하였습니다. 이후 봉차트는 상인들에 의해 계속 발전되어 일본식 봉차트의 기초가 되었다고 합니다.

일본에서 쌀 거래를 통해 기술적 분석이 발전했다면 미국에서는 근대적인 방법으로 기술적 분석을 발전시켰습니다. 미국식 기술적 분석의 시초는 1880년대에 소개된 다우이론입니다. 다우이론의 원형은 다우존스 설립자인 찰스 다우가

1880년대 〈월스트리트저널〉에 소개한 일련의 연재물에서 찾을 수 있습니다. 다우이론의 초기에는 찰스 다우가 경기 동향 예측을 위해 증권시장의 평균지수를 분석하였습니다. 이러한 배경은 결국 개별 주식의 가격 역시 주식시장 전체의 동향에 따라 결정된다는 가정과 함께 시장 전체의 동향을 파악하면 개별 주식의 움직임을 예측할 수 있다고 가정하는 데서부터 시작되었습니다. 또한 다우이론은 하나의 지수 속에서 그 추세를 파악하려고 만들어진 이론이 아니라 두 개의 지수를 서로 비교함으로써 분석 가능한 추세 확인과 추세 이탈 현상에 의해 시장이 어떻게 변하는지 예측하는 기법으로도 많이 사용되었습니다.

현재 대부분의 기술적 분석이론이 추세 추종적인 것들로서 주요 추세를 인식하는 데 역점을 둔다는 측면에서 오늘날에도 다우이론의 중요성은 간과할 수 없을 것입니다. 1920년대에 다우의 이론적 배경에서 엘리어트R. N. Elliott가 소개한 엘리어트 파동이론이 소개되었으며, 1930년대에는 윌리엄 간William D. Gann에 의해서 주식시장의 예측을 위한 독특한 기하각도이론Geometric Angles Theory이 등장했습니다. 그리고 에드워드 듀이Edward R. Dewey를 중심으로 1930년대에서 1940년대에 걸쳐 순환이론Cycle Theory이 시장에 소개되면서부터 본격적으로 차트분석 기법이 알려졌습니다.

앞에서 주식시장의 분석 방법은 크게 기본적 분석과 기술적 분석, 두 가지가 있다는 것을 알아보았습니다. 중요한 사실은 기본적 분석보다 기술적 분석이 먼저 선행되었다는 것입니다. 미국의 초기 주식시장은 기업 공시제도가 제대로 확립되지 않았습니다. 당시의 모든 금융시장이 마찬가지였겠지만 전화나 통신시설이 전반적으로 미약하여 기업의 정보가 제대로 전달되지 않거나 시장에 늦게 반영되는 일이 허다했죠. 결국 트레이더들은 가격의 시가, 고가, 저가, 종가, 거래량 등의 정보만으로 매매를 할 수밖에 없는 상황이었습니다. 초기에 이러한 가격정보만으로 차트를 만들기 시작한 것이 바로 추세분석과 차트분석의 초석이 되었습니다.

일광 씨의 Level UP 문제 풀이

주식투자분석에 있어 종목을 선정하는 것은 기본적 분석을 통해서 이루어지고 매매 타이밍을 찾는 것은 기술적 분석에 의해 이루어집니다.

기본적 분석이란 기업의 주가가 해당 기업이 가지고 있는 본질가치를 중심으로 변동한다는 가정하에 본질가치에 영향을 주는 경제, 산업, 기업의 요인들을 분석하여 기업의 본질가치와 시장가치를 분석함으로써 합리적이고 적정한 투자판단 근거를 제공하는 분석 방법을 말합니다.

기본적 분석에서 경제분석은 경기상황, 금리, 통화, 해외변수 등 주로 거시적인 관점에서 분석하여 주가 흐름의 대세를 분석하는 데 이용되고, 산업분석은 경제분석을 바탕으로 각 산업의 동향을 분석하여 이후 유망산업을 선정하는 데 이용되며, 기업분석은 경제분석과 산업분석을 바탕으로 유망하다고 판단되는 업종에서 각 기업의 미래 수익성을 예측하고 기업의 내재가치를 추정하여 유망종목을 선정하는 데 이용됩니다.

반면 기술적 분석에서는 주가가 형성되는 과정을 예측하기 위해 주식시장의 수요와 공급에 영향을 미치는 요인들로 나타나는 주가 그 자체를 그래프를 통해서 분석할 필요가 있습니다. 기술적 분석은 주가의 매매시점을 파악할 수 있도록 과거의 시세 흐름과 그 패턴을 파악해서 정형화하고 이를 분석하여 향후 주가를 예측하려는 목적을 가지고 있습니다.

기본적 분석과 기술적 분석은 서로 다른 목표를 가지고 있지만 기업을 분석하고 주식투자를 하는 사람의 입장에서는 어느 것도 등한시해서는 안 됩니다. 예를 들어 부도의 가능성이 없고 앞으로 성장 가능성이 큰 기업을 찾아내는 것은 기본적 분석의 몫입니다. 그리고 그렇게 가치 있고 저평가되어 있는 주식을 언제 사고팔아야 하는가를 알아내는 것은 기술적 분석의 몫입니다. 어떤 사람은 기본적 분석만 신뢰하고 다른 사람은 기술적 분석만 신뢰하면서 서로 상대방의 것은 무시하는 경향이 있는데 이는 잘못된 자세입니다. 모든 것을 같이 받아들일 수 있는 열린 마음이 필요합니다.

응용문제 1

일광 씨는 주식투자를 할 때 잦은 매매를 하기보다는 매수한 이후 일정 기간 보유하는 방법으로 투자를 하고 싶어 합니다. 그런데 기술적 분석은 매수신호와 매도신호를 발생시켜 매매를 자주 하게 만든다는 얘기를 들었습니다. 그래서 매매를 자주 하지 않고 일정 기간 꾸준히 주가를 지켜보면서 투자를 하는 방법은 없는지 알고 싶어졌습니다. 일광 씨는 증권회사에 다니는 친구인 도호 씨를 찾아가 상의하기로 했습니다. 과연 도호 씨는 어떤 조언을 해주었을까요?

Answer

흔히 주가의 흐름을 꾸준히 지켜보는 것은 기본적 분석에서나 가능하다고 생각합니다. 하지만 기술적 분석을 통해서도 가능합니다. 기술적 분석에서는 주식이 일정한 추세를 보인다는 가정이 있습니다. 따라서 추세의 전환점이 발생하지 않을 경우 잦은 매매를 피하고 일정 기간 주가를 지켜보면서 투자를 할 수 있습니다.

　추세분석은 주가가 일정 기간 일정한 추세를 보이며 움직이는 성질을 이용하는 분석 기법입니다. 주가란 무작위로 움직이는 것처럼 생각되지만 주가의 움직임을 그래프로 그려보면 상승이나 하락 또는 횡보 중 어느 하나의 추세를 따라서 움직인다는 것을 알 수 있습니다.

이런 추세를 선으로 이은 것이 바로 추세선입니다. 추세선은 한 번 형성되면 상당 기간 이어지는 것이 일반적입니다. 추세분석은 추세선 및 지지와 저항 수준을 이용하여 주식의 매매시점을 포착하고자 하는 기법입니다. 투자자는 차트 위에 추세선을 그려봄으로써 주가의 흐름을 예측해볼 수 있습니다.

그렇다면 추세선을 어떻게 그릴 수 있는지 연습해보겠습니다.

P&F차트는 그 자체로 패턴분석이 가능한 차트입니다. 그래서 저항선과 지지선 등을 연결해볼 수 있습니다. 여러분들의 판단을 동원해서 추세선을 그리는 연습을 해보시기 바랍니다.

삼성전자의 차트를 통해 추세선을 그려보겠습니다. 위 차트를 이용해서 추세선을 그릴 경우 다음 페이지와 같은 추세선을 그려볼 수 있습니다. 여러분이 그린 추세선과 일치하는지 점검해보세요.

응용문제 2

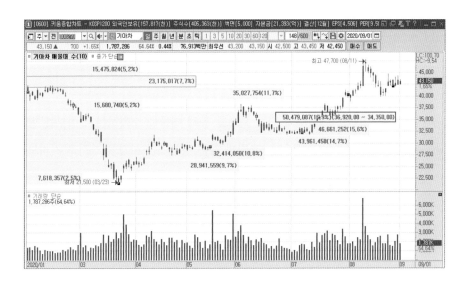

　도호 씨는 주식시장에서 수급이 중요하다는 것을 알고 있습니다. 그래서 종종 매물대차트를 이용해서 투자 판단을 하고 있습니다. 최근에는 자동차관련주를 찾고 있었는데, 가족 단위 캠핑이 늘어나면서 레저용 차량인 SUV를 만드는 기아차에 주목하게 되었습니다. 그리고 매물대차트를 통해 앞 페이지와 같은 차트를 얻었습니다. 과연 도호 씨는 이 종목의 매매 판단을 언제 그리고 어떻게 해야 할까요?

Answer

지금 도호 씨는 매수와 매도 판단을 유보해야 합니다. 아주 두터운 매물대 아래에서 주가가 움직이고 있기 때문입니다. 앞의 차트를 통해 매매 판단을 어떻게 하는지 알아보겠습니다.

이 종목은 3만 4,350~3만 6,920원에서 매우 두터운 지지대를 형성하고 있습니다. 따라서 이 매물대가 지지되는 한 매수 또는 보유전략이 유효합니다. 그러나 이 매물대가 하향돌파되는 현상이 발생하면 그때는 과감하게 매도해야 합니다. 그러나 아직은 그 매물대를 지키고 있기 때문에 주가가 매물대에 접근하게 되면 이 가격대를 지키기 위한 매수세가 유입될 가능성이 큽니다. 그래서 매물대를 지키는지 아니면 못 지키는지를 보면서 매매전략을 짜야 합니다.

이렇게 매물대차트는 시장의 매물 분포를 통해 매물을 소화하는지 여부를 판단해서 매물대를 극복하면 매수를, 그렇지 않은 경우에는 시간을 가지고 지켜보는 전략을 세우는 데 매우 유용한 차트입니다.

02

봉차트로 매매시점을
포착하라

주식시장에서 매수세와 매도세를
판단하기 위한 원리를 알려줍니다.

"

봉차트는 가장 많이 사용하는
기본적인 차트 유형입니다.
봉차트를 이해하면 매수세와 매도세의 힘과
가격 변화 등 시장의 흐름을
한눈에 파악할 수 있습니다.

"

일광 씨는 비대면사회의 도래와 4차 산업의 본격화로 인해 5G 통신장비 업종과 바이오테크 산업이 향후 유망산업으로 떠오를 것으로 판단했습니다. 그러나 코로나19 사태를 겪으면서 이들 종목들은 많은 사람의 관심을 받아 주가가 먼저 급등했으므로 뒤늦게 이들 종목에 투자하는 것이 부담스러웠습니다. 그래서 찾은 것이 바로 복지 관련 산업입니다. 재난지원금 지급, 그리고 기본소득에 대한 논의가 커지면 복지 산업도 자연히 커질 것으로 보고 대표적인 복지 관련주인 이지웰의 차트를 검토하기 시작했습니다.

그런데 위와 같은 이지웰의 차트를 보면서 앞으로 이 회사의 주가가 상승할 것인지, 그렇지 않을 것인지 판단하는 것이 생각보다 쉽지 않았습니다. 그래서 차트분석을 잘하는 쾌남 씨에게 물어보기로 했습니다. 과연 쾌남 씨는 어떤 판단을 내렸을까요?

01

봉차트의 구조

봉차트로 시장의
흐름을 읽어라

봉차트의 구조를 자세히 살펴볼까요? 흔히 쓰는 봉차트는 일본식 봉입니다. 일본식 봉은 양선과 음선으로 구분되는데, 양선과 음선의 원칙은 아침에 시작한 시가에 비해서 종가가 올랐느냐 떨어졌느냐에 따라 다르게 그린다는 것입니다. 즉, 시가에 비해 종가가 오르면 적색의 양선이, 반대로 시가에 비해 종가가 내리면 청색의 음선이 나타납니다. 먼저 양선의 형태부터 살펴보겠습니다.

양선으로 매수세를 파악하세요

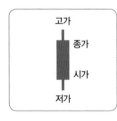

양선은 시가보다 종가가 높게 끝났을 경우 그림과 같이 몸통이 그려집니다. 봉에서 고가는 하루 중에 가장 높은 가격을 말하고 저가는 하루 중에 가장 낮은 가격을 말합니다. 그런데 많은 사람이 양선은 가격이 올랐을 때 그려진다고 오해하고 있습니다. 주가의 상승 또는 하락을 기준으로 하는 게 아니고 아침에 시작한 가격보다 올랐다면 당일 중 주가가 떨어졌더라도 양선이 그려집니다. 그러므로 양선은 하루 중에 매도세보다 매수세가 활발했다는 것을 의미합니다. 이때 몸통의 길이가 길면 길수록 매수세의 강도가 강하다는 뜻이죠.

또한 아래위에 형성되는 꼬리는 하루 중 주가의 등락과 관련된 것입니다. 먼저 위 꼬리는 하루 중 고가에 도달하긴 했지만 이내 대기매도세가 나타나 고가를 유지하지 못했다는 의미입니다. 따라서 위 꼬리의 길이는 장중 대기매도세의 크기를 보여줍니다. 아래 꼬리는 하루 중 저가에 도달하긴 했지만 이내 대기매수세가 나타나 저가로부터 반등한 것을 보여줍니다. 따라서 아래 꼬리의 길이는 장중 대기매수세의 크기를 보여줍니다.

이렇듯 양선은 매수세가 활발하게 움직이고 있다는 증거입니다. 만약 계속해서 양선이 발생한다면 시장의 매수세력이 왕성하게 활동하고 있다고 보면 됩니다.

음선으로 매도세를 파악하세요

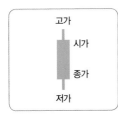

다음은 음선입니다. 음선은 시가보다 종가가 낮게 끝났을 경우 그림에서 보는 바와 같이 몸통이 그려집니다. 여기서도 오해를 하는 것 중 하나가 있습니다. 양선과 마찬가지로 가격이 떨어진 경우에 음선이 그려진다고 생각하는 것입니다. 이것 역시 아닙니다. 주가가 아침에 시작한 가격보다 떨어졌다면 당일 중 주가가 올랐더라도 음선이 그려집니다. 양선과는 반대로 음선의 의미는 하루 중에 매수세보다는 매도세가 활발했다는 것입니다. 이때 몸통의 길이가 길면 길수록 매도세의 강도가 강하다는 것을 의미합니다.

음선의 경우도 아래위 꼬리는 양선과 같이 해석하면 됩니다. 양선과 마찬가지로 계속해서 음선이 발생한다면 시장의 매도세력이 왕성하게 활동하고 있다는 증거가 될 것입니다.

봉차트의 변천과정

봉차트는 모양이 양초처럼 생겼다고 해서 캔들차트라고도 부릅니다. 우리는 흔히 일본식 차트를 많이 보기 때문에 그래프 상에서 양선과 음선만을 보는 경우가 많지만 봉차트도 여러 형태로 변천하면서 오늘에 이르게 되었습니다. 그 변천과정을 살펴보면 다음과 같습니다.

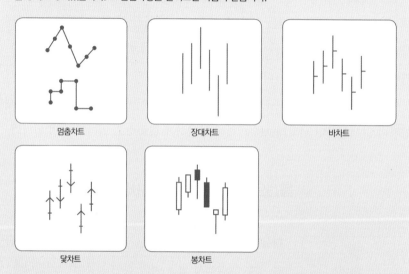

멈춤차트　점차트, 선차트, 별차트라고 부르기도 합니다. 차트의 초기 형태로 볼 수 있습니다. 멈춤 차트는 오직 종가만을 연결해서 그린 것으로 종가를 대각선 혹은 수평으로 연결한 차트입니다.

장대차트　장대와 비슷한 모양이며, 장중 고가와 저가를 연결해 그립니다. 장대차트는 주가의 이동 방향과 장중 주가변동을 함께 표현하고 있습니다.

바차트　멈춤차트와 장대차트의 결합형으로 볼 수 있습니다. 장대차트의 고가와 저가, 멈춤차트의 종가를 모두 결합하여 만든 차트입니다. 바차트는 주가 움직임의 추세 변화를 보는 데 유익합니다.

닻차트　닻 모양을 하고 있으며 장중 고가와 저가뿐만 아니라 시가와 종가를 모두 포함하고 있는 차트입니다. 종가가 시가보다 높을 경우에는 화살선이 위로 향하고, 종가가 시가보다 낮을 경우에는 화살선이 아래로 향합니다.

봉차트　닻차트에서 발전된 단계로 볼 수 있으며 현재 주로 사용하고 있는 차트입니다. 장중 시가, 종가, 고가, 저가를 모두 포함하는 차트로 양선과 음선으로 구분됩니다.

봉차트로 시장의 매수/매도의 힘과 상승 반전신호 또는 하락 반전신호, 그리고 상승지속형과 하락지속형의 움직임을 알기 위해서는 기술적 조건검색을 하면 됩니다. 조건검색은 HTS에서 주식툴바 가운데 [조건검색] 메뉴를 클릭하여 아래와 같은 창에서 할 수 있습니다.

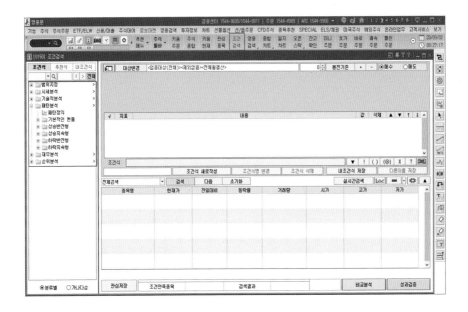

그리고 화면 왼쪽의 메뉴바에서 [패턴분석]을 클릭하여 기본적인 봉, 상승반전형, 상승지속형, 하락반전형, 하락지속형 등의 차트를 볼 수 있습니다.

02

봉차트의 패턴과 그 의미

기본적인 봉부터
알고 시작하라

다양한 봉차트의 의미를 알아봅시다

봉이 만들어지는 원리는 앞서 살펴봤습니다. 그렇다면 이제 좀 더 구체적으로 기본적인 봉의 종류와 그 의미를 살펴보겠습니다. 봉은 몸통의 길이와 모양, 시가와 종가의 특성에 따라 다양한 종류로 나뉩니다. 기본적인 봉을 숙지해야만 상승반전형, 상승지속형, 하락반전형, 하락지속형의 각 패턴들의 의미를 더욱 깊이 있게 이해할 수 있습니다.

롱바디양봉 ┃ 롱바디Long body양봉은 장대양봉이라고도 합니다. 장중 시가와 종가의 등락폭이 큰 경우에 나타납니다. 즉, 몸통이 전날의 봉의 몸통보다 매우 길다는 것을 의미합니다.

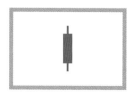

　일반적으로 상승장에서 롱바디양봉은 상승지속형으로 작용하나 이 패턴의 형태만으로 매매에 임하기보다는 향후 주가를 관찰해가며 매매에 임하는 것이 바람직합니다.

롱바디음봉 ｜ 일반적으로 하락장에서 롱바디음봉은 하락지속형으로 작용합니다. 그러나 이 패턴의 형태만으로 매매에 임하기보다는 향후 주가를 관찰해야 합니다.

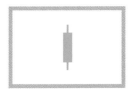

숏바디양봉 ｜ 숏바디Short body양봉이란 장중 시가와 종가의 등락폭, 즉 몸통이 전날의 봉의 몸통보다 작은 것을 말합니다. 이 형태만으로는 매매를 판단하기 힘듭니다. 다만 전날 긴 양봉이 발생한 다음 상승 갭을 만들면

서 숏바디양봉이 생겼다면 장세 전환이 임박했다는 신호 정도로만 인식할 수 있으며, 앞으로 장세 전환 패턴이 완성된 다음 매매에 임하는 것이 바람직합니다.

숏바디음봉 ｜ 숏바디음봉이란 장중 시가와 종가의 등락폭, 즉 몸통이 전날의 봉의 몸통보다 작은 것을 말합니다. 역시 이 형태만으로는 매매를 판단하기 힘듭니다. 다만 전날 긴 음봉이 발생한 다음 하락 갭을 만들면

서 숏바디음봉이 생겼다면 장세 전환이 임박했다는 신호 정도로만 인식할 수 있으며, 앞으로 장세 전환 패턴이 완성된 다음 매매에 임하는 것이 바람직합니다.

도지 ｜ 도지Doji형은 몸통이 매우 작고 시가와 종가가 일치하는 봉으로서 그림자의 아래위 꼬리의 길이는 매우 다양합니다. 시가와 종가가 일치해야 완벽한 십자형이지만 최소거래단위 정도의 시가와 종가 차이라면 십자

형으로 인정합니다. 십자형 자체는 추세 변화 예측에 별 도움이 되지 않고, 단지 추세 변화 임박신호 정도로 해석할 수 있습니다. 특히 십자형은 하락추세의 바닥보다는 상승추세의 고점을 파악하는 데 더욱 유용하게 사용됩니다.

그레이브스톤 도지 ┃ 그레이브스톤 도지Gravestone Doji형은 시가 이후 강한 상승을 보이다가 종가가 저가인 시가와 일치하거나 근접할 경우에 생깁니다. 전쟁터의 비석과 비슷하여 비석십자형이라 불립니다. 주가가 일정 기간

상승한 후 이러한 형태가 발생하면 하락 전환할 확률이 높아지며 위 꼬리가 길면 길수록 하락의 강도가 훨씬 더 강합니다. 이 봉은 바닥국면이나 횡보국면 속에서 간혹 출현하여 상승 전환하는 경우도 있습니다.

드래곤플라이 도지 ┃ 드래곤플라이 도지Dragonfly Doji형은 시가와 고가, 종가가 일치하는 봉으로 주로 주가의 전환시점에서 나타납니다. 잠자리형이라고도 부릅니다. 역시 몸통이 거의 없고 주로 하락추세의 막바지 국면

에 나타나 급속한 상승 전환 패턴으로 작용합니다. 가끔 상승추세의 막바지 국면에서도 나타나 하락 전환신호의 역할도 합니다.

릭쇼맨 도지 ┃ 시가와 종가가 거의 일치하며 위아래 긴 그림자를 가지고 있는 형태의 패턴입니다. 매수와 매도가 서로 확신을 가지지 못하여 급등락을 거듭하는 뇌동매매를 나타내는 패턴이지요. 시가와 종가가 장중

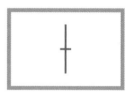

거래범위의 중간에 위치할수록 위와 같은 의미로 해석합니다. 유사한 패턴으로 하이웨이브High-wave형이 있습니다.

포 프라이스 도지 | 포 프라이스 도지Four Price Doji는 시가,
고가, 저가, 종가와 같은 네 가지 가격요소들이 모두
같을 때 나타납니다. 하루 종일 거래가 형성되지 않다
가 종가에만 형성되는 경우로 발생 확률이 극히 드뭅
니다. 시장의 방향 예측은 다음 날 형성되는 봉에 따라 분석하는 것이 일반적입
니다. 신규 상장종목이나 대형 호재 또는 악재 출현 시에 많이 나타납니다.

화이트 마르보즈 | 화이트 마르보즈는 매우 강력한 상
승장세를 반영하는 봉의 형태로 상승지속형 패턴으로
알려져 있습니다. 가끔 상승국면의 마지막에 나타나
하락 반전의 신호로 작용하기도 합니다. 이때 몸통의
크기는 하락 시 지지구간, 상승 시 저항구간의 크기로 분석합니다.

블랙 마르보즈 | 블랙 마르보즈는 매우 취약한 하락장
세를 나타내는 봉의 형태로 하락지속형 패턴으로 분석
됩니다. 추세의 고점에서 나타나면 하락 반전으로 분
석하고 가끔 하락 마지막 국면의 투매에서 나타나 주
가의 상승 반전 첫날 역할을 하기도 합니다. 이때 몸통의 크기는 상승 시 저항구
간, 하락 시 지지구간의 크기로 분석을 합니다.

오프닝 화이트 마르보즈 | 위 꼬리 장대양봉입니다. 시가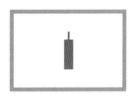
와 저가가 일치하여 아래쪽의 꼬리가 없습니다. 종가와
고가는 달라서 위쪽 꼬리는 몸통보다 매우 작은 형태의
패턴으로 강한 상승장세를 반영하는 상승지속형 패턴
으로 작용합니다. 그러나 화이트 마르보즈만큼 강하게 작용하지는 않습니다.

클로징 화이트 마르보즈 ｜ 아래 꼬리 장대양봉입니다. 종가와 고가가 일치하여 위쪽 꼬리가 없습니다. 시가와 저가는 달라서 아래쪽의 꼬리는 몸통보다 매우 작은 형태의 강한 상승장세를 반영합니다. 상승지속형 패턴으로 작용합니다.

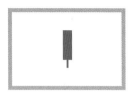

오프닝 블랙 마르보즈 ｜ 아래 꼬리 장대음봉입니다. 클로징 블랙 마르보즈형과 반대로 시가와 고가가 일치하여 위쪽 꼬리가 없습니다. 종가와 저가는 달라서 아래쪽의 꼬리는 몸통보다 매우 작은 형태의 패턴으로 취약한 하락장세를 반영합니다. 하락지속형 패턴으로 작용하나 블랙 마르보즈만큼 강하게 작용하지는 않습니다.

클로징 블랙 마르보즈 ｜ 위 꼬리 장대음봉입니다. 오프닝 블랙 마르보즈 형태와 반대로 종가와 저가가 일치하여 아래쪽 꼬리가 없습니다. 시가와 고가는 달라서 위쪽 꼬리는 몸통보다 매우 작은 형태로 취약한 하락장세를 반영합니다. 하락지속형 패턴으로 작용합니다.

스피닝 탑스 ｜ 스피닝 탑스(하이웨이브봉)는 몸통의 길이에 비해 그림자의 길이가 상당히 긴 형태의 봉입니다. 이와 같은 형태는 강세와 약세의 형세가 애매한 국면에서 매수세와 매도세가 팽팽한 눈치를 보일 때 나타납니다. 이 경우 몸통 색깔이나 꼬리의 크기도 주가에 상당한 영향을 미치지만 일반적으로 다음 날 봉에 의해 주가가 영향을 받

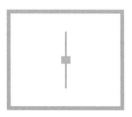

는 경우가 흔합니다. 이 봉의 형태는 추세의 전환국면이나 지지나 저항이 크게
작용하는 구간에서 많이 나타납니다.

스타 ┃ 스타Star형은 전날의 긴 몸통에 이어 자주 나타
나는 유형으로 추세의 고점과 저점에 나타나는 대표적
인 전환 패턴 중 하나입니다. 몸통의 색깔은 그리 중요
하지 않으며, 가끔 추세의 중간에 나타나 잠시 휴식을

가진 후 재차 이전의 추세로 주가가 다시 지속되기도 하는데, 이 경우 상승폭이
나 하락폭의 중간에 이 봉이 출현된다고 분석합니다. 또한 바로 이전 추세만큼의
크기를 목표치로 설정하여 분석하기도 합니다.

슈팅스타 ┃ 슈팅스타(음봉역망치형)형은 몸통의 아래쪽
꼬리가 거의 없고 몸통 위쪽 꼬리가 몸통에 비해 매우
긴 형태를 보입니다. 봉의 색깔은 그리 중요하지 않으
며, 다만 상승장세 도중 이 패턴이 나타나면 하락 반전
신호로 작용할 수 있다는 점을 명심해야 합니다. 이 형

태와 같은 역전된 망치형과 구분되는 점은 상승추세에서는 하락 반전신호로 작
용하고, 하락추세에서는 상승 반전신호로 작용한다는 점입니다.

인사이드데이 ┃ 인사이드데이Inside day형은 당일의 고가
와 저가가 전날에 비해 둘 다 작은 것을 의미합니다.
인사이드데이가 형성되면 빠른 시간 안에 추세의 변
화 가능성이 있다고 볼 수 있습니다. 하지만 이것은
추세 변화의 가능성일 뿐입니다. 따라서 인사이드데

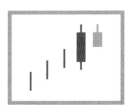

이 발생 이후의 주가 움직임을 통해서 추세를 확인해가는 것이 좋습니다.

아웃사이드데이 | 아웃사이드데이Outside day형은 당일의
고가와 저가가 전날의 고가와 저가에 비해 둘 다 큰 것
을 의미합니다. 이 같은 형태는 고점과 저점 부근에서
의 반전을 확인하는 방법으로 유용하게 사용될 수 있
습니다. 인사이드데이에 비해 아웃사이드데이는 자주
나타나지 않는 특징이 있습니다.

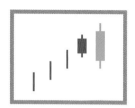

갭이란?

갭이란 두 개의 봉을 놓고 볼 때 한 봉의 저점이 다른 봉의 고점보다 높아 차트에 빈 공간이 생긴 것을
말합니다. 매수 주문과 매도 주문이 불균형을 이루어 급등하는 경우에 발생합니다. 상승지속갭과 하
락지속갭이 있습니다.

상승지속갭 | 돌발 호재가 발생했을 때 또는 매수세력이 강력할 때 나타납니다. 이 갭이 나타난 이후
상승추세가 지속된다고 봅니다.

하락지속갭 | 돌발 악재가 발생했을 때 또는 매도세력이 강력할 때 나타납니다. 이 갭이 나타난 이후
하락추세가 지속된다고 봅니다.

03

상승반전형

하락세에서
상승세로 반전한다

상승반전형 봉의 모습

상승반전형은 하락세에서 상승세로 바뀌는 봉의 모습을 보여줍니다. 즉, 상승반전형 봉이 나타나면 주가가 상승할 가능성이 높다고 예측할 수 있습니다. 투자자는 주식 매수를 고려해보고 매도는 하지 않는 것이 좋습니다.

HTS에서 조건검색으로 각 패턴을 검색하면 현재 조건에 맞는 종목을 구할 수 있습니다. 하나씩 예를 들어서 찾아보겠습니다.

인버티드해머 | 인버티드해머형(역전된 망치형)은 해머형과 함께 빈번하게 출현합니다. 명확한 반전신호는 아니지만 단기적인 바닥이 임박했음을 암시하는 패턴입니다. 우선 형태상으로는 하락추세 마지막에 긴 위 꼬리를 갖고 나타나는 작은 몸통 형태를 보입니다. 몸통은 장중 거래범위의 하단부에 위치합니다. 몸통의 색깔은 중요하지 않지만 인버티드해머형 자체가 약세신호이므로 상승 반전신호로 간주하기 위해서는 확인이 필요합니다. 즉, 그다음 날의 시가가 상승 갭을 형성해야만 하며 갭의 정도가 클수록 상승 반전의 신뢰도는 증가합니다.

또한 인버티드해머형은 앞뒤의 봉과 함께 불리쉬 인걸핑형이나 모닝스타형을 형성함으로써 상승 반전의 신뢰도를 높이기도 합니다. 따라서 전후의 봉을 함께 살펴볼 필요가 있습니다.

조건검색에서 인버티드해머형으로 종목을 검색해봅시다. '봉전기준'을 통해서 이 봉이 하루 전에 발생한 것인지 아니면 이틀 전에 발생한 것인지 등을 조정할 수 있습니다. 먼저 ❶인버티드해머를 클릭한 다음 ❷봉전기준 설정 후 ❸추가 버튼을 클릭하고 ❹검색을 클릭하면 해당 종목들이 검색됩니다.

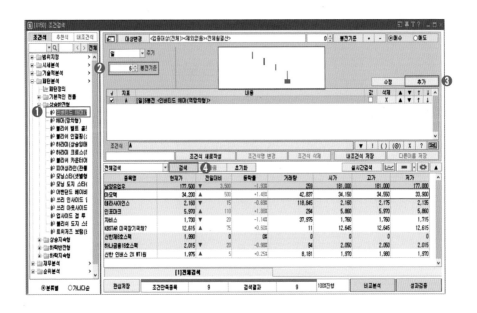

위와 같이 검색된 종목 중에서 실제로 어떻게 봉이 나타났고 그 이후의 움직임은 어땠는지 아모텍의 차트를 통해 알아봅시다. 다음 그림에서와 같이 인버티드 헤머형이 발행한 이후 단기적으로 주가가 상승하는 모습을 보인다는 점에 주목해야 합니다.

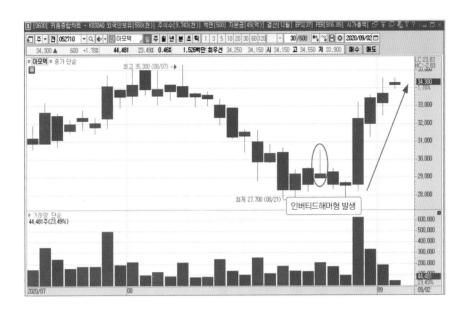

해머 | 해머형(망치형)은 위 꼬리가 거의 없고, 몸통이 장중 거래범위의 약 30~50 이하이며, 아래 꼬리가 매우 긴 형태로 나타납니다. 이때 몸통이 장중 거래범위의 위쪽에 위치합니다.

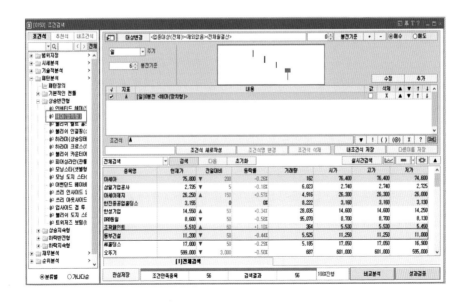

이 패턴을 확인하는 데는 단기간일지라도 추세를 살펴보아야 하고 발생 다음 날 상승 갭 형성 여부도 매우 중요합니다. 보통 5~10일 정도의 하락추세 후 이 패턴이 형성되었다면 향후 주가의 상승 반전 가능성을 내포하고 있습니다.

해머형은 아래 그림자가 길수록, 위 그림자가 짧을수록 그리고 몸통이 짧을수록 의미가 있다고 볼 수 있습니다. 양봉, 음봉과는 상관이 없으나 양봉의 신뢰도가 더 높습니다.

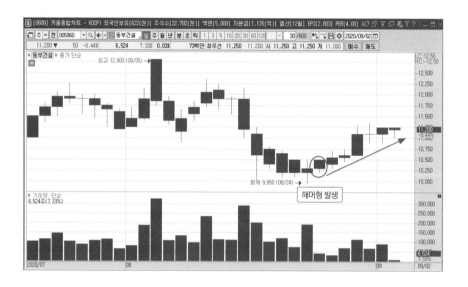

해머형으로 검색된 종목을 통해서 주가 움직임을 살펴보면 다음과 같습니다. 해머형 검색 결과 중 동부건설의 차트입니다. 해머형이 발생한 이후 단기적으로 주가가 상승하는 모습을 보여주고 있습니다.

불리쉬 벨트 홀드 | 불리쉬 벨트 홀드(상승샅바형)형은 형태상으로는 시가와 저가가 동일한 긴 양봉입니다. 저가권에서 길게 나타나면 강한 상승장을 예고합니다. 몸통의 길이가 길수록 신뢰도는 증가하며 발생 당시 잘 나타나지 않았다면 더욱 의미 있다고 할 수 있습니다.

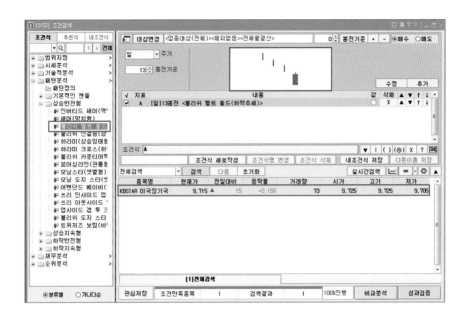

불리쉬 벨트 홀드형이 나타난 이후 주가 움직임을 확인해보겠습니다. 아래 차트는 주가가 강하게 상승하는 모습을 잘 보여주는 예입니다.

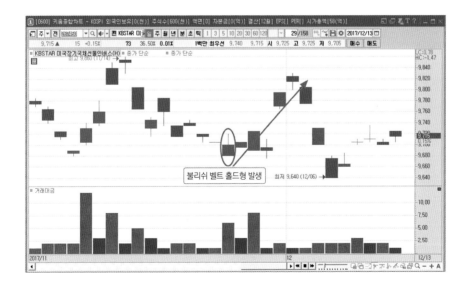

불리쉬 인걸핑 │ 불리쉬 인걸핑형(상승장악형)은 하락추세 마지막에 나타나는 패턴입니다. 형태상으로 두 번째 봉에 의해 첫 번째 봉이 감싸이는 모습을 보입니다. 첫 번째 봉이 음봉, 두 번째 봉이 양봉인 불리쉬 인걸핑형은 첫 번째 음봉의 크기가 작고 두 번째 양봉의 크기가 클수록 그리고 거래범위가 두 번째 양봉에 의해 완전히 감싸일수록 신뢰도가 높아집니다. 만일 두 번째 봉에 대량 거래가 수반되었다면 더욱 의미가 있습니다. 비교적 빈번하게 발생하며 신뢰도도 높은 패턴입니다.

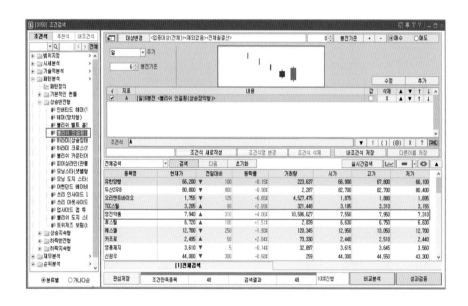

불리쉬 인걸핑형이 발생한 이후에 주가 움직임을 확인해봅시다. 검색 결과 중 영진약품의 차트를 클릭하면 다음과 같은 화면이 나옵니다. 불리쉬 인걸핑형이 발생한 이후 주가가 상승했다는 것을 확인할 수 있습니다.

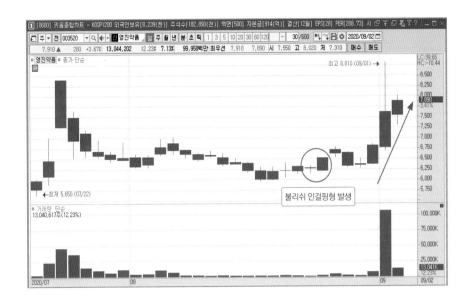

하라미 │ 하라미Harami형(상승잉태형)은 빈번하게 나타나지만 강력하지는 않은 반
전신호의 대표적인 패턴으로 형태상으로는 인걸핑형의 반대라고 할 수 있습니
다. 직전의 긴 봉에 완전히 감싸이는 작은 봉이 나타났을 때 이를 하라미형이라
고 합니다. 하락추세에서 긴 음봉 다음에 짧은 양봉(음봉이어도 무방)이 나타났을
때 상승 반전의 신호로 간주합니다.

하라미형은 기존 추세의 멈춤을 뜻한다고 할 수 있습니다. 즉, 기존의 추세가
급격하게 반전한다기보다는 기존 추세가 일단락된 후 향후 움직임을 모색하는
단계에서 발생합니다. 따라서 하라미형이 출현한 후 바로 직전 하락추세에서 상
승 반전하지 않고 조정양상을 나타내는 경우도 있습니다. 이 때문에 하라미형은
장의 기조를 살펴보기에 좋습니다. 두 번째에 작은 몸통의 봉 대신 십자형이 나
오는 하라미 크로스형이 잉태되는 경우 신뢰도가 향상됩니다.

하라미형으로 조건검색을 한 결과 다음과 같은 종목들이 검색되었습니다. 그
중 에스맥의 차트를 살펴봅시다.

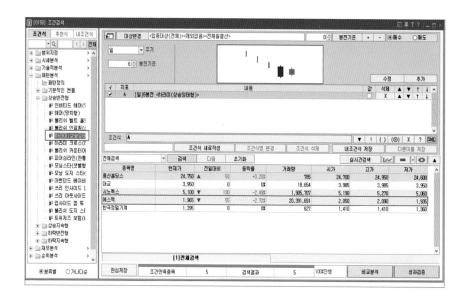

하라미형이 나타난 다음의 주가는 상승했음을 확인할 수 있습니다.

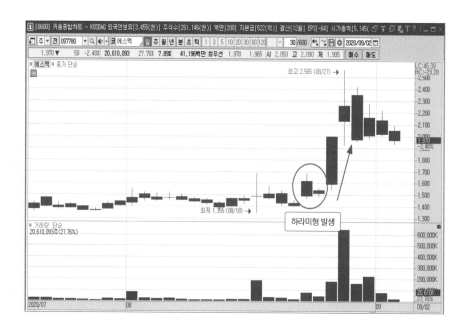

하라미 크로스 │ 하라미 크로스형(하락십자형)은 하라미형에 십자형이 붙어서 붙여진 이름입니다. 형태상으로는 직전의 긴 봉에 완전히 감싸이는 작은 봉이 나타나는 하라미형에서 두 번째 작은 몸통의 봉 대신 십자형이 나타나는 모습을 보입니다. 명확한 반전신호인 십자형이 기존 추세의 멈춤신호인 하라미형과 결합하였기 때문에 고착화 신호라고도 부릅니다. 즉, 기존 추세가 돌처럼 굳어지고 조만간 추세가 바뀐다는 강한 의미입니다. 통상의 하라미형보다 강한 반전신호로 더욱 빈번하게 나타납니다.

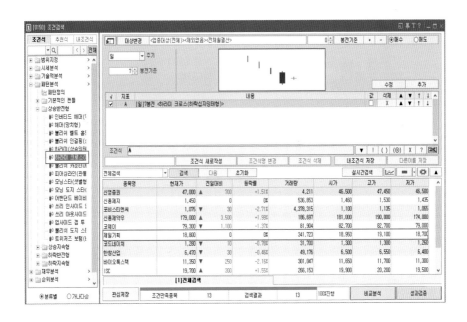

하라미 크로스형으로 검색된 결과 중 제일기획을 클릭해서 차트를 살펴봅시다. 긴 음봉 뒤에 십자형이 나타난 것을 뚜렷이 확인할 수 있습니다. 하라미 크로스형이 나타난 이후의 주가 움직임도 차트를 통해서 살펴보시기 바랍니다.

불리쉬 카운터어택 라인 ｜ 색깔이 다른 두 개의 긴 봉이 비슷한 종가를 형성하였을 경우 이를 직전의 움직임에 대한 반격이라고 표현합니다.

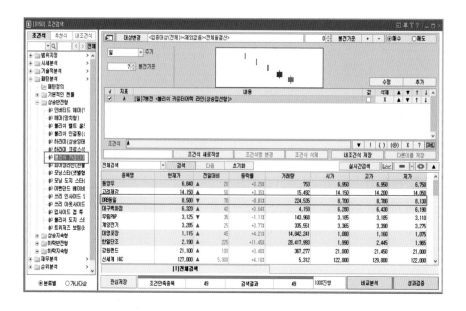

불리쉬 카운터어택 라인형(상승반격형)은 앞 페이지 하단의 화면과 같이 긴 음봉과 긴 양봉으로 구성되고 두 봉의 종가가 같거나 비슷한 경우를 말합니다. 중요한 점은 두 번째 양봉의 시가가 매우 낮게 형성되어야 한다는 것입니다. 기존 추세를 강하게 이어가다가 크게 반전해야 하기 때문입니다.

검색 결과 중 DRB동일 차트를 통해 이후의 주가 움직임을 확인해봅시다.

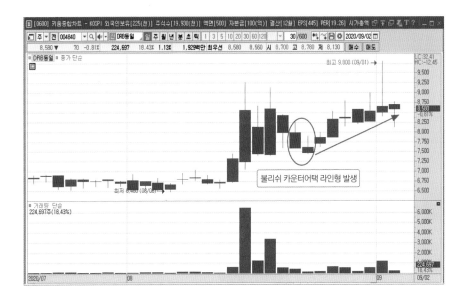

피어싱라인 │ 피어싱라인형(관통형)은 긴 음봉과 양봉으로 구성되어 있으며 하락추세 마지막에 나타납니다. 두 번째의 양봉이 첫 번째의 음봉을 관통하여 상승하는 모습을 나타내는데, 반드시 양봉의 종가가 음봉 몸통의 절반 이상을 상향돌파하여야 합니다. 상향돌파하지 못한 패턴은 하락지속형 패턴이 됩니다. 한편 양봉의 상승 정도가 심하여 앞의 음봉을 완전히 감싸면 불리쉬 인걸핑형이 됩니다. 직전에 명확한 하락추세를 나타냈다든지, 양봉이 지지수준에 걸쳐 있다든지, 양봉이 거래를 많이 수반하면 할수록 상승 반전에 대한 가능성은 더욱 높다고 할 수 있습니다. 일반적으로 잘 나타나지 않으며 신뢰도도 낮은 편입니다.

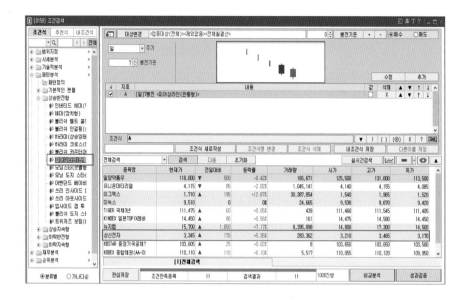

피어싱라인형이 발생한 이후 주가의 움직임은 다음 차트를 보면 알 수 있습니다.

모닝스타 | 모닝스타형(샛별형)은 대표적인 상승 반전 패턴으로 발생빈도가 매우 높습니다. 형태를 보면 우선 하락추세에서 긴 음봉이 발생한 후 다음 날 하락 갭을 두고 작은 몸통을 가진 스타가 생깁니다. 그다음 날 상승 갭을 두고(없을 수도 있음) 첫 번째 음봉 정도의 긴 양봉이 발생합니다. 스타가 양봉이든 음봉이든 상관없으나 양봉이면 신뢰도가 높아집니다.

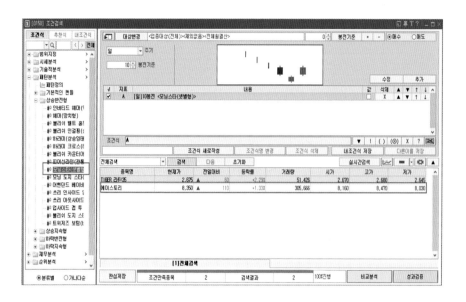

첫 번째 음봉에 수반된 거래량이 작고 세 번째 양봉에 수반된 거래량이 많다면 이 또한 반전 가능성을 강화한다고 할 수 있습니다. 두 개 연속으로 스타가 나타나 해머형이나 불리쉬 인걸핑형과 혼합된 형태로 나타나기도 합니다.

검색 결과 중 에이스토리의 차트를 살펴봅시다. 첫 번째 음봉과 이후 스타, 다시 양봉이 확인됩니다. 이후의 주가 움직임은 완만하게나마 상승했음을 확인할 수 있습니다.

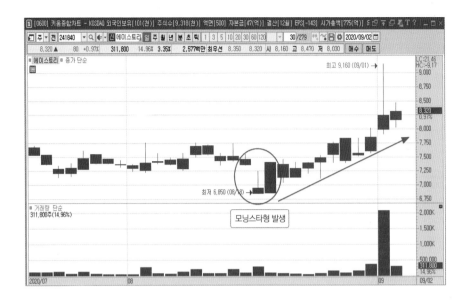

모닝 도지 스타 | 모닝 도지 스타형은 모닝스타형의 변형 패턴으로, 두 번째 봉이 스타냐 도지냐의 차이입니다. 일반적으로 스타보다는 도지가 주가에 미치는 영향력이 더 강력하다는 것으로 알려져 있습니다.

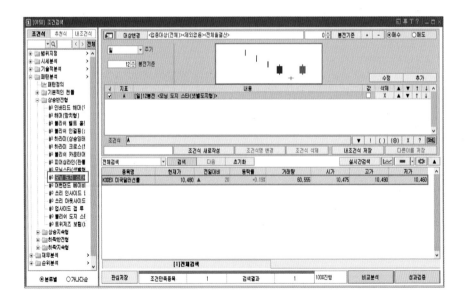

하락추세에서 긴 음봉을 형성한 후 둘째 날 도지를 형성하고 셋째 날에 첫째 날 형성된 긴 음봉의 절반 이상의 가격대에서 긴 양봉을 형성시킵니다. 하락추세의 주가를 강력하게 반전시킬 확률이 높다고 분석합니다. 모닝스타형과 형태는 유사하나 신뢰성이 더 강한 패턴으로 하락추세의 바닥권에서 이 패턴이 발생했다면 매수에 가담해야 합니다.

모닝 도지 스타형이 발생한 이후의 주가 움직임은 다음의 차트를 통해서 확인할 수 있습니다.

어밴던드 베이비 ┃ 모닝스타형, 모닝 도지 스타형과 더불어 주요한 반전 패턴입니다. 두 번째 봉의 도지가 첫 번째 봉과 세 번째 봉의 몸통과 갭을 형성하며 추세가 반전되는 형태를 띱니다. 세 번째 봉의 위 꼬리나 아래 꼬리가 두 번째 봉의 도지와 중복되지 않은 채 갭을 형성합니다.

어밴던드 베이비의 경우 주가가 일정한 하락을 보인 후 강력상승으로 전환될 확률이 높습니다. 바닥권에서 형성되었다면 적극 매수에 임해야 합니다.

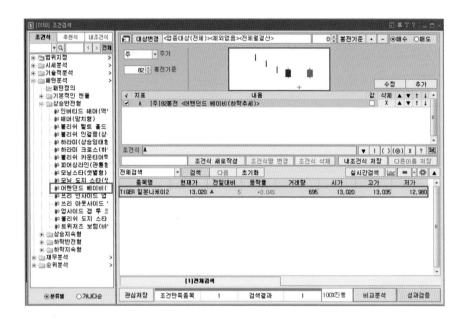

이 모형은 쉽게 나타나지 않습니다. 아래 차트는 일봉의 양선과 음선이 정확히
일치하진 않지만 비슷하다고 보고 이후의 주가 움직임을 참고하세요.

쓰리 인사이드 업 | 쓰리 인사이드 업형은 하라미형을 확인시켜주는 형태의 패턴입니다. 두 번째 봉이 완성된 하라미형을 보이고 다음 날 봉의 종가가 이전 봉의 종가보다 높게 마감되면서 형성됩니다.

이 패턴은 향후 추세의 상승 반전작용을 예상해볼 수 있습니다. 하락추세 이후 이 패턴이 나타나면 앞으로 상승 전환작용을 합니다. 하라미형보다 상승 반전 가능성이 높은 패턴입니다.

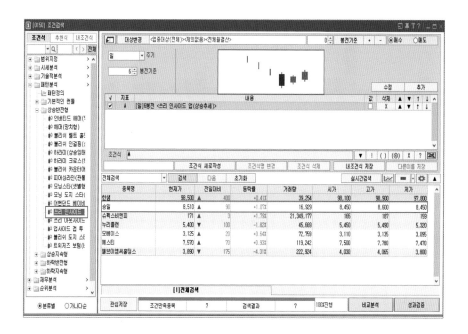

쓰리 인사이드 업형으로 검색한 결과 한샘, 승일, 슈펙스비앤비 등의 종목이 검색되었습니다. 이 중 승일의 차트를 살펴봅시다. 차트의 동그라미 부분에서 두 번째 봉이 첫 번째 봉 안에 들어가는 하라미형이 보입니다. 그리고 세 번째 봉의 종가가 이전 봉의 종가보다 높게 마감되었습니다. 그리고 그다음 날부터 주가가 상승하는 것을 확인할 수 있습니다.

쓰리 아웃사이드 업 | 쓰리 아웃사이드 업형은 인걸핑형을 확인시켜주는 형태의 패턴입니다. 두 번째 봉이 완성된 인걸핑형이 보이고 세 번째 봉의 종가가 첫 번째 봉의 종가와 두 번째 봉의 종가보다 높게 마감되면서 형성됩니다.

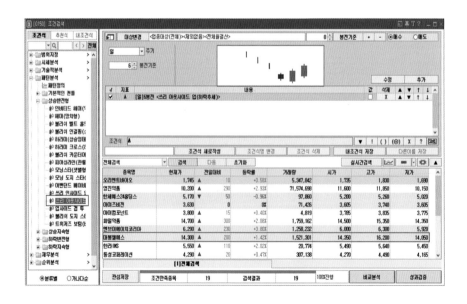

이 패턴은 향후 추세의 상승 반전을 예상할 수 있습니다. 또한 긴 하락추세 이후 바닥권에서 이 패턴이 발생했다면 상승 전환에 대한 패턴의 신뢰성은 더욱 높아진다고 볼 수 있습니다.

쓰리 아웃사이드 업형이 나타난 이후의 주가 움직임은 다음 차트를 통해서 확인할 수 있습니다.

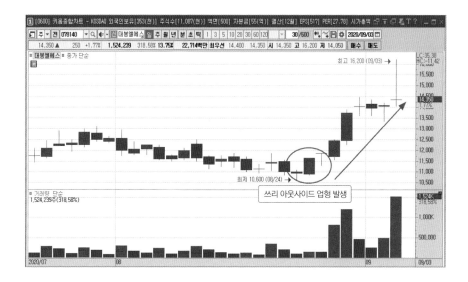

업사이드 갭 투 크로우즈 다운 | 까마귀형 형태의 패턴으로 하락추세가 지속되다가 두 개의 음봉이 발생된 다음 날(두 번째에 양봉이 발생하기도 함) 이후에 상승 갭이 발생하고 강한 양봉을 형성하면서 완성됩니다.

이 패턴이 하락추세 이후 나타났다면 향후 주가상승을 예상할 수 있는 상승반전형 패턴으로 하락추세 이후 발생되어야 상승 반전에 대한 신뢰성이 있습니다. 이때 전후 주가의 움직임을 고려해 판단해야 할 패턴이며, 그렇지 않은 경우는 상승반전형 패턴이라 볼 수 없습니다.

업사이드 갭 투 크로우즈 다운형은 자주 발생되지 않는 신호라 검색이 어렵습니다.

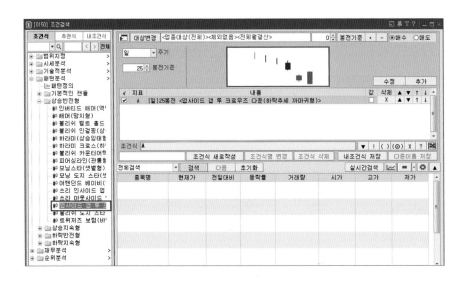

불리쉬 도지 스타 ┃ 두 번째 강한 음봉 이후 하락 갭을 두고 도지가 형성된 패턴 입니다. 향후 상승 전환 패턴으로 발전될 가능성이 매우 높습니다. 그러나 이 패 턴만으로 판단을 내리기보다는 다음 날 약한 양봉이 발생하며 모닝스타형이 완 성된 후 하락 전환에 대한 판단을 내리는 게 바람직합니다.

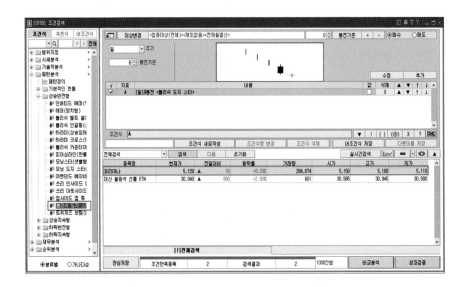

불리쉬 도지 스타형이 발생한 이후의 주가 움직임은 다음 차트로 확인하세요.

트위저즈 보텀 | 트위저즈 보텀형은 여러 가지 봉이 복합적으로 결합되어 봉이 더 이상 저가를 갱신하지 못하고 저점이 일치하는 형태를 띠는 패턴입니다.

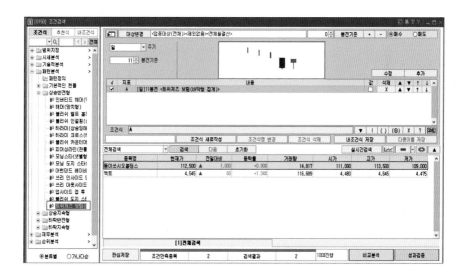

일치하는 저점이 지지선의 역할을 하며, 특히 저점을 일치시키는 봉이 많을수록 주가의 반전은 더욱 강력하게 나타납니다.

트위저즈 보텀형이 발생한 이후의 주가 움직임은 다음 차트를 통해서 확인할 수 있습니다.

04

상승지속형

상승하는 과정에서
이어진다

상승지속형 봉의 모습

상승지속형은 상승하는 추세 과정에서 나타나는 패턴들입니다. 이 패턴이 나타난 이후에도 현재의 상승추세가 계속해서 이어진다고 봅니다.

상승지속형 봉으로는 쓰리 화이트 솔저형, 어드밴스 블럭형, 스톨드 패턴형, 업사이드 갭 태스키형, 마지막으로 업사이드 갭 쓰리 메써즈형 등이 있습니다.

쓰리 화이트 솔저 | 쓰리 화이트 솔저형은 적삼병이라고도 합니다. 종가가 점점 상승하는 양봉이 연속적으로 이어지는 패턴으로 대표적인 강세 예고 패턴입니다. 형태상으로는 위 꼬리와 아래 꼬리가 없거나 짧은 양봉 세 개가 연속적으로 나타납니다.

통상 각 양봉의 시가는 직전 봉의 몸통 안에서 시작하여 세 개의 양봉이 맞물리면서 상승하는 모습을 보입니다. 만일 두 번째나 세 번째 양봉이 길게 늘어나는 경우, 즉 급상승하는 경우에는 과열국면에 진입할 가능성도 있습니다.

검색 결과 차트를 통해 상승지속을 확인해봅시다.

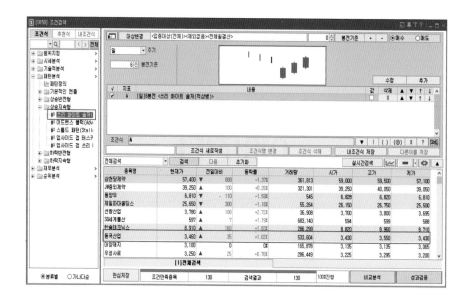

쓰리 화이트 솔저형 발생 후 주가의 상승세가 지속되고 있음이 확인됩니다.

어드밴스 블럭 | 어드밴스 블럭형은 상승추세로 진행되는 주가가 추가 상승하기에는 좀 부담스러운 국면이나 상승에너지, 즉 매수의 힘이 많이 소진된 상태에서 주로 나타납니다. 두 번째 봉과 세 번째 봉, 특히 세 번째 봉이 작게 나타남으로써 향후 장세가 약세임을 예고하는 패턴입니다. 여기서 특히 강한 상승국면 이후에 나타나면 주의를 기울여야 합니다.

봉 모양은 두 번째 봉과 세 번째 봉의 몸통이 점점 작아지고 상대적으로 위 꼬리가 길게 생기는 모양을 갖습니다. 주가의 매도압력이 강해지고 매수의 힘이 약해지는 현상으로 인식할 수 있습니다. 매수는 잠시 미루어야 하며 보유 주식을 매도하여 향후 장세의 추이를 좀 더 지켜봐야 합니다. 이 패턴들은 정상적인 고점 반전 패턴은 아니더라도 의미 있는 조정기간을 암시한다고 분석합니다.

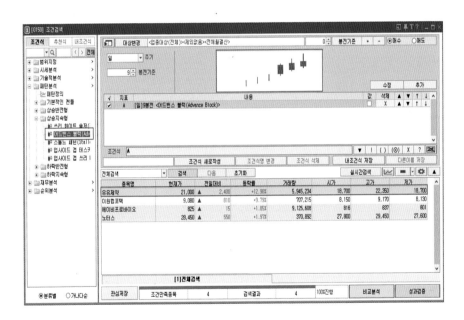

어드밴스 블럭형이 나타난 이후 주가 움직임은 다음 차트를 통해 확인하세요. 어밴던드 블럭형이 발생하고 나서 주가가 일정 기간 횡보를 보이면서 조정을 받는 모습에 주목해야 합니다.

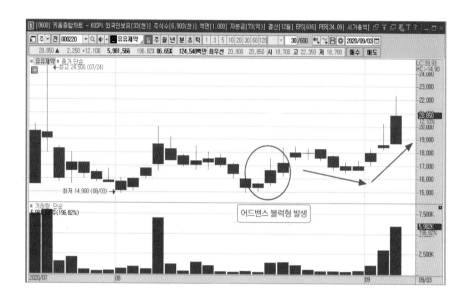

스톨드 패턴 │ 스톨드 패턴형은 적삼병이 변형된 패턴입니다. 첫 번째 봉과 두 번째의 긴 양봉은 신고가를 만들며 세 번째 봉은 작은 양선으로 때로는 스타형을 만들기도 합니다. 이 패턴은 영어로 신중함을 뜻하는 딜리버레이션Deliberation이라고 부르기도 합니다. 즉, 상승추세에서 새로운 고점 돌파 시에 주로 나타나고 고점을 돌파하는 데 많은 에너지를 소진시키는 큰 양봉 이후 스타형과 같은 작은 봉이 나타나며 일시적인 에너지 소진국면을 보입니다. 이때 마지막 작은 양봉의 몸통은 둘째 날의 긴 양봉에서 저점을 형성하며 상승하기도 합니다. 작은 양봉의 몸통 자체가 매수의 힘이 점차 약화됨을 의미합니다. 결국 스톨드 패턴형은 고점 돌파 후 적어도 에너지 보충을 위한 조정의 모습을 보이는 것이 일반적입니다.

이 패턴은 정상적인 반전 패턴은 아니나 매수는 잠시 미뤄야 하며 보유 주식을 매도하여 향후 장세의 추이를 좀 더 지켜봐야 합니다. 즉, 이 패턴은 정상적인 고점 반전 패턴은 아니더라도 의미 있는 조정기간을 암시한다고 분석합니다.

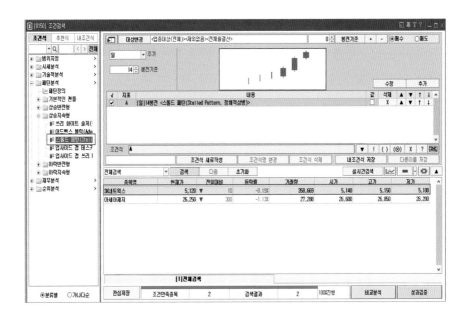

　　스톨드 패턴이 발생한 이후 주가 움직임은 다음 차트에서 확인할 수 있습니다. 특히 이 패턴이 발생한 이후 잠시 조정기간을 거치는 점에 주목해야 합니다.

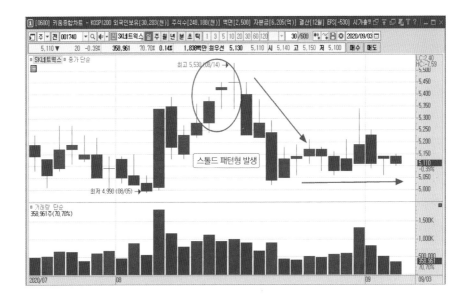

업사이드 갭 태스키 ┃ 업사이드 갭 태스키형은 보통 상승추세 중간에 나타나는 패턴입니다. 상승추세에서 긴 양봉을 형성한 이후 갭이 출현하고 이어서 짧은 양봉이 나타나 추세가 지속되는 모습을 보입니다. 하지만 세 번째 음봉은 두 번째 봉의 몸통 안에서 시가가 형성된 후 종가는 전날의 시가 아래로 마감됩니다.

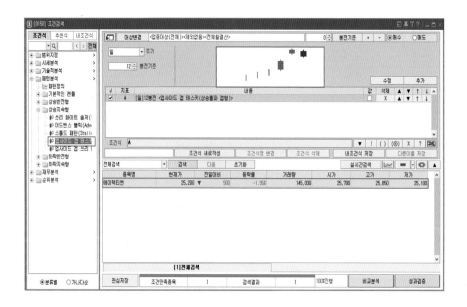

업사이드 갭 태스키형이 발생한 이후의 주가 움직임은 다음 페이지의 차트를 통해서 확인할 수 있습니다. 특히 갭이 발생한 이후 음봉이 갭을 메우는지 그렇지 않은지 주목해서 보셔야 합니다.

이때 형성되는 음봉은 갭을 메우지 않는 것이 일반적입니다. 이 패턴은 상승추세 도중에 생긴 지속형이므로 매수시점을 알리는 것이라고 판단합니다. 상승장에서 이 패턴이 발생한다면 음봉의 종가는 좋은 매수시점이 됩니다. 이와 유사한 패턴으로는 업사이드 갭 쓰리 메써즈형이 있습니다.

업사이드 갭 쓰리 메써즈 | 이 패턴의 경우 상승추세를 나타내는 양봉이 상승 갭과 함께 연속으로 나타나고, 셋째 날 이 갭을 메우면서 첫째 날의 가격 범위로 진입하는 음봉이 나타나는 형태의 패턴입니다.

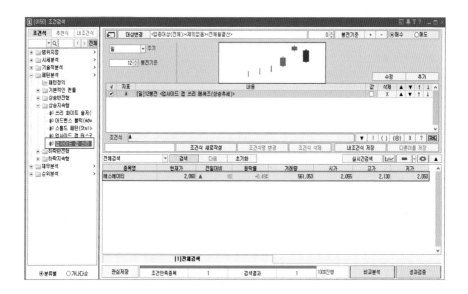

상승추세가 지속되는 가운데 발생해야 하고 또한 각 봉의 몸통이 장대여야 신뢰성이 있습니다. 업사이드 갭 쓰리 메써즈형은 지속형 패턴이므로 이러한 패턴이 출현한다면 저점 매수나 고점 매도의 기회로 이용할 수 있습니다.

업사이드 갭 쓰리 메써즈형은 다음 차트를 통해서 확인할 수 있습니다.

05

하락반전형

상승세에서 하락세로 반전한다

하락반전형 봉의 모습

하락반전형은 상승추세에 있던 주가가 하락추세로 반전되는 패턴입니다. 주가가 상승하던 중에 하락반전형 봉들이 나타나면 주가는 하락하는 추세로 전환될 가능성이 높습니다.

하락반전형은 매도 타이밍을 찾는 데 사용합니다. 매수는 잠시 보류하고 시세를 좀 더 관망한 후에 결정하는 것이 좋습니다.

행인맨 ㅣ 행인맨형은 몸통의 위 꼬리가 거의 없고, 몸통의 아래 꼬리가 몸통에 비해 매우 긴 형태를 가진 패턴입니다. 상승장에서 이 패턴이 발생하면 과도매수 상태를 보여주는 것으로 시장이 거의 천정권에 위치하고 있음을 암시합니다. 따라서 향후 하락 반전될 가능성이 높습니다. 상승장의 정상권에서 이 패턴이 발생했다면 매도해야 합니다.

행인맨형이 상승장의 거의 꼭대기에서 출현한 후 주가 움직임이 정확하게 하락추세 반전을 보이고 있음을 다음 차트로 확인할 수 있습니다.

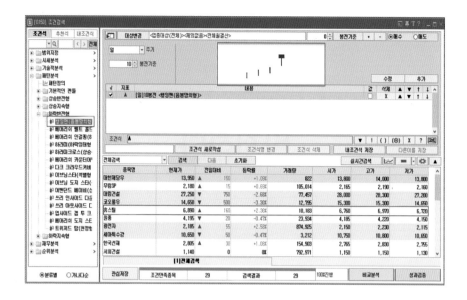

행인맨형이 발생한 후의 주가 움직임을 확인하고 매도 타이밍에 이용하세요.

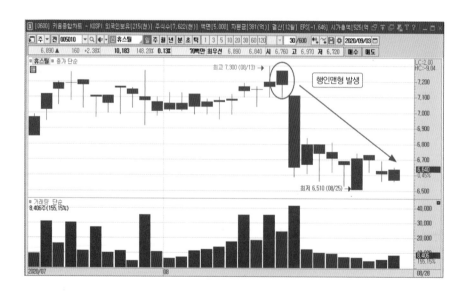

베어리쉬 벨트 홀드 베어리쉬 벨트 홀드형은 시가에 꼬리를 형성하지 않는 것이 특징입니다. 이 패턴은 상승추세의 마지막 국면에서 나타납니다.

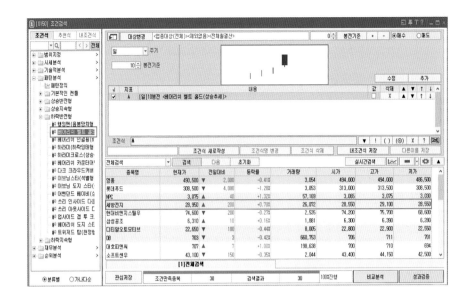

베어리쉬 벨트 홀드형이 발생한 이후 주가 움직임은 다음 종목의 차트를 통해 확인해보세요. 급격하게 하락 반전을 한 모습을 볼 수 있습니다.

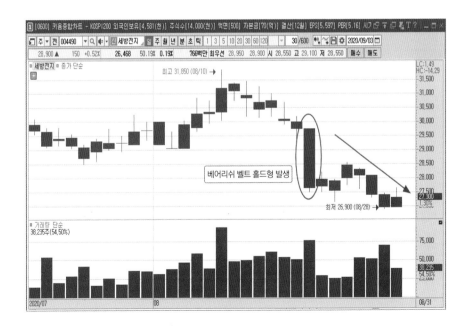

베어리쉬 벨트 홀드형은 상승추세에서 나타나 하락 반전작용을 하며 몸통의 길이가 길수록 하락 반전의 가능성은 더욱 높아집니다. 긴 상승추세 도중 정상권에서 이 패턴이 발생했다면 매도를 고려해야 합니다. 반면 다음 날 종가가 음봉 위에서 형성된다면 상승추세가 다시 진행된다는 의미로 받아들일 수 있습니다.

베어리쉬 인걸핑 │ 베어리쉬 인걸핑형은 일정 기간 주가의 추세가 형성된 후 나타나는 봉으로 상승추세에서 형성됩니다. 첫 번째 봉은 양봉이고 두 번째 봉은 음봉으로 서로 다른 색깔을 가집니다. 첫 번째 양봉의 몸통이 두 번째 음봉의 몸통에 완전히 감싸이는 형태를 보입니다. 상승추세 지속 이후 이 패턴이 나타나면 향후 하락 전환을 예상해볼 수 있으며, 보조지표의 상승과 더불어 이 패턴이 나타났다면 향후 주가하락 가능성은 매우 높다고 할 수 있습니다. 이 패턴이 명확한 상승추세 이후 발생했다면 매도에 임해야 합니다.

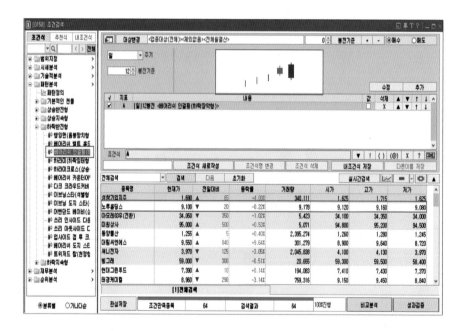

베어리쉬 인걸핑형이 발생한 이후 주가 움직임은 다음 차트로 확인해보세요.

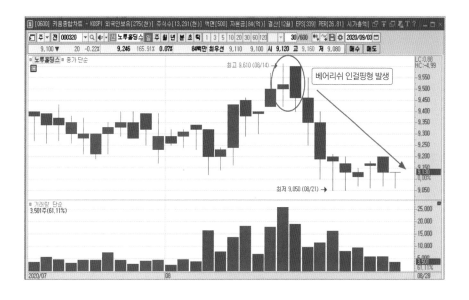

하라미 | 두 번째 봉의 몸통이 첫 번째 봉의 몸통에 감싸이는 형태를 보입니다.

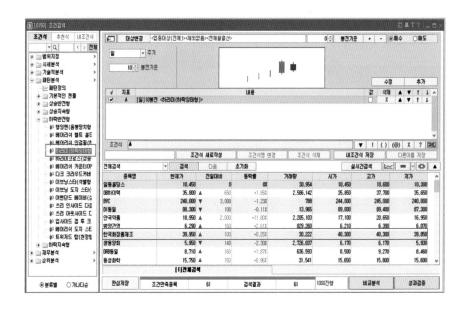

상승추세에 이 패턴이 나타나면 더 높은 가격으로 매수하려는 세력이 약화되고 있음을 의미합니다. 또한 하락 반전 가능성을 내포하고 있습니다. 두 번째 음봉의 고가와 저가가 첫 번째 봉의 몸통 안에 완전히 포함된다면 주가하락 반전 가능성은 더욱 높아지고, 두 번째 봉의 몸통과 꼬리가 작을수록 하락 반전 가능성의 신뢰도는 더욱 높습니다.

하라미형 발생 이후의 주가 움직임은 다음 차트를 통해 확인할 수 있습니다.

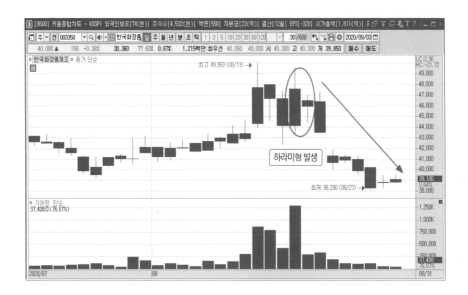

하라미 크로스 | 하라미 크로스형은 상승십자잉태형이라고도 합니다. 두 번째 봉이 첫 번째 봉 옆에 십자 모양을 그리는 형태의 패턴입니다.

이 패턴은 하락추세에 따라 상승 반전작용을 할 수도 있고 상승추세에 따라 하락 반전 작용을 할 수도 있다는 점을 내포하고 있습니다. 상승추세라면 두 번째 봉이 양봉이어야 하고, 하락추세라면 두 번째 봉이 음봉이어야 향후 추세 전환을 예상해볼 수 있습니다. 첫 번째 봉의 몸통과 꼬리가 작을수록 반전 가능성은 더욱 높아집니다.

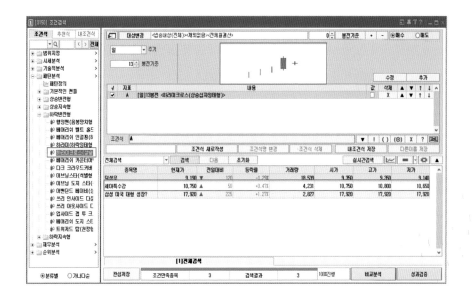

하라미 크로스형이 발생한 이후의 주가 움직임은 다음 차트로 확인하세요.

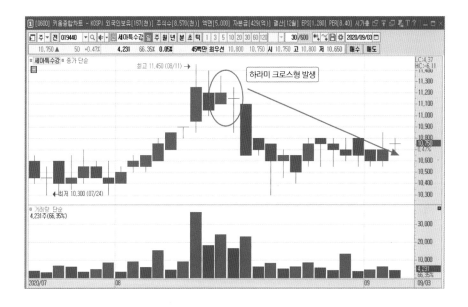

베어리쉬 카운터어택 라인 ┃ 첫 번째 봉은 긴 양봉을 형성하고 두 번째 봉은 시가 갭을 형성하여 높게 시작한 후 매수와 매도의 공방을 벌이다가 종가가 전날의 종가를 조금 하회하거나 같아지며 마감되는 형태입니다.

서로 상반된 색깔을 갖는 봉으로 첫 번째 봉은 양봉, 두 번째 봉은 음봉이며 각각의 봉은 긴 몸통을 가지고 있는 형태의 패턴입니다. 상승추세에서 발생한 이 패턴은 향후 하락 반전작용을 합니다. 다음 날 주가하락으로 전날의 종가보다 하회하거나 같은 수준에서 새로운 종가가 형성되면 하락 반전 가능성의 신뢰도는 더욱 높아집니다. 이 패턴과 같이 하락 반전작용을 암시하는 다크 크라우드커버형보다는 신뢰성이 떨어집니다.

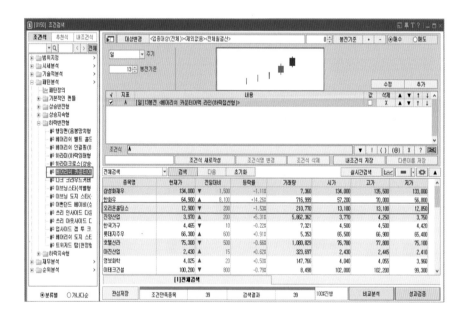

베어리쉬 카운터어택 라인형이 발생한 이후 주가 움직임은 다음 차트를 통해 확인할 수 있습니다.

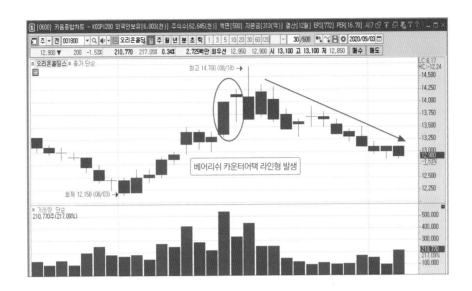

다크 크라우드커버 | 흑운형 또는 먹구름형이라고 합니다. 첫 번째 봉은 긴 몸통을 가진 양봉이고, 두 번째 봉은 긴 몸통을 가진 음봉입니다. 두 번째 음봉의 시가는 이전 봉의 고가 위에서 형성되며 종가는 이전 봉의 저가 근처에서 형성됩니다.

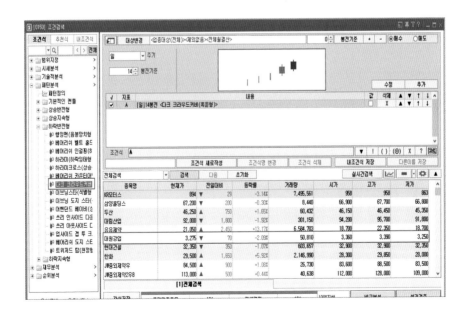

이때 저가에 근접하면 할수록 하락 반전 가능성의 신뢰도는 더욱 높아지며, 상승추세의 정상권에서 이 패턴이 나타나면 중요한 하락 반전신호로 보고 매도에 임해야 합니다. 그러나 이때 두 번째 음봉의 종가가 전날 양봉 몸통의 50% 이상을 하향하지 못한 경우에는 매도를 보류하는 것이 바람직합니다.

다크 크라우드커버형이 발생한 이후 주가 움직임은 다음 차트로 확인할 수 있습니다.

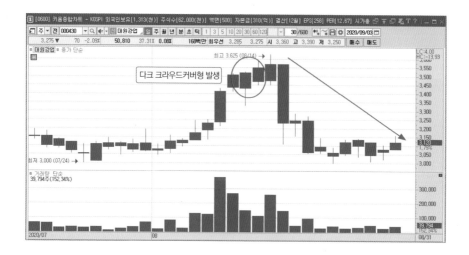

이브닝스타   상승추세에 있는 주가의 약세 전환신호입니다. 첫 번째 봉으로 긴 양봉이 출현한 이후 갭을 형성하며 두 번째에 짧은 몸통이 형성됩니다. 그리고 세 번째 봉은 음봉으로 첫 번째 봉인 양봉 안에서 형성되었을 때 이를 이브닝스타형이라고 합니다. 통상 두 번째 봉의 몸통은 첫 번째 양봉과 세 번째 음봉 사이에 갭을 형성하는 것이 일반적이어서 두 번째 봉의 몸통이 첫 번째 양봉과 세 번째 음봉의 몸통 안으로 진입되지 않습니다.

이는 첫 번째 봉의 강한 매수세력이 두 번째 봉에서는 줄어들거나 장세에 대한 확신을 가지고 있지 않을 때 나타나는 현상이며, 세 번째 봉에서 강한 매도세력에 의해 상승하던 주가가 하락추세로 전환되는 경우입니다.

긴 상승추세 이후 바닥권에서 이 패턴이 발생하였다면 적극 매도에 가담해야 합니다. 신뢰성이 매우 높고 아주 중요한 하락 반전작용을 하는 패턴입니다.

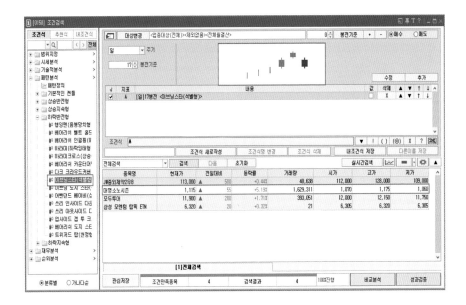

이브닝스타형이 발행한 이후 주가 움직임은 다음 차트와 같습니다.

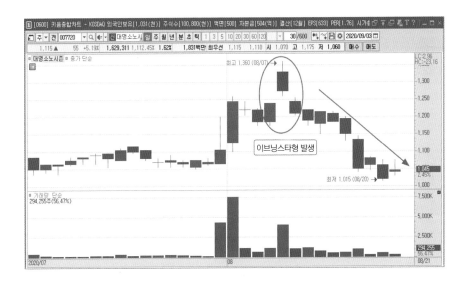

이브닝 도지 스타 | 이브닝 도지 스타형은 이브닝스타형의 변형 패턴으로, 두 번째 봉이 스타냐 도지냐의 차이입니다. 일반적으로 스타보다는 도지가 주가에 미치는 영향력이 더 강력한 것으로 알려져 있습니다.

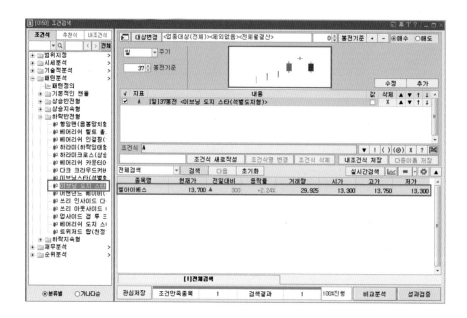

하락추세에서 긴 양봉을 형성한 후 둘째 날 도지를 형성하고 셋째 날에 첫째 날에 형성된 긴 양봉의 절반 이상의 가격대에서 긴 음봉을 형성시킬 때를 말합니다. 상승추세의 주가를 강력하게 반전시킬 확률이 높다고 분석합니다. 이브닝스타형과 형태는 유사하나 신뢰성이 더 강한 패턴입니다. 상승추세의 고가권에서 이 패턴이 발생했다면 매도에 가담해야 할 것입니다.

이브닝 도지 스타형은 쉽게 발견되지 않습니다. 비슷한 차트에서 주가 움직임을 확인해보겠습니다. 동그라미 부분에서 첫째 날의 긴 양봉, 둘째 날의 도지, 셋째 날의 긴 음봉이 확인됩니다.

어밴던드 베이비 | 어밴던드 베이비형은 저녁별형의 일종으로, 이브닝스타형, 이브닝 도지 스타형 등과 더불어 주요한 반전 패턴입니다.

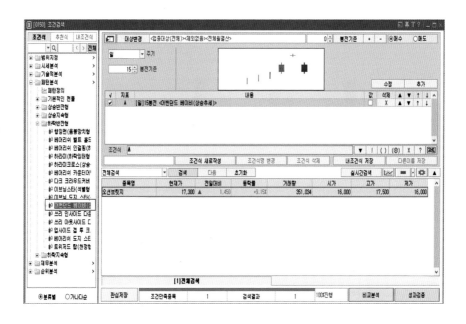

두 번째 봉의 도지가 첫 번째 봉, 세 번째 봉의 몸통과 갭을 형성하며 추세가 반전되는 형태입니다. 세 번째 봉의 위 꼬리나 아래 꼬리가 두 번째 봉의 도지와 중복되지 않은 채 갭을 형성합니다. 하락추세의 어밴던드 베이비형은 주가가 일정한 하락을 보인 후 강력하락으로 전환될 확률이 높습니다. 정상권에서 형성되었다면 매도에 적극 임해야 합니다.

어밴던드 베이비형은 개별 종목의 급등락국면에서 발생되므로 자주 발생하지 않는 패턴 중 하나입니다. 정확한 모습은 아니지만 어밴던드 베이비형으로 검색된 종목의 차트를 통해 주가 움직임을 살펴보겠습니다.

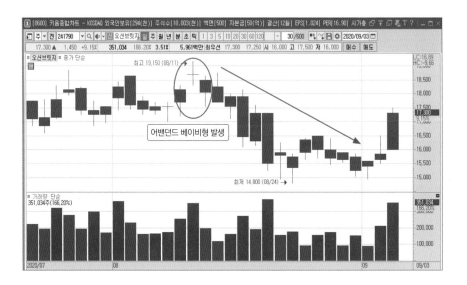

쓰리 인사이드 다운 | 쓰리 인사이드 다운형은 하라미형을 확인시켜주는 형태의 패턴입니다. 두 번째 음봉이 완성된 하라미형을 보이고 세 번째 봉의 종가가 이전 봉의 종가보다 낮게 마감하면서 형성됩니다.

이 패턴은 향후 추세의 하락 반전작용을 예상해볼 수 있습니다. 상승추세 이후 이 패턴이 나타나면 향후 하락 전환작용을 합니다. 하라미형보다 하락 반전 가능성이 높은 패턴입니다.

110

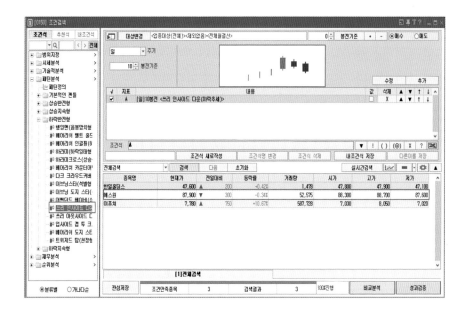

쓰리 인사이드 다운형을 차트에서 확인하면 다음과 같습니다. 동그라미 부분
에서 세 번째 음봉의 종가가 이전 음봉의 종가보다 낮게 마감된 것을 확인할 수
있습니다. 또한 첫 번째 양봉과 두 번째 음봉이 하라미형임을 알 수 있습니다.

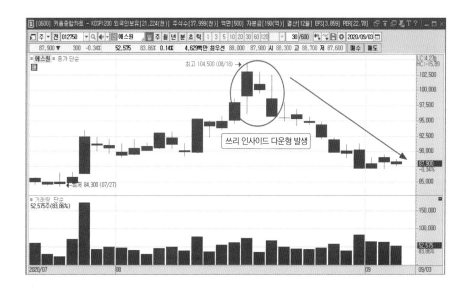

쓰리 아웃사이드 다운 │ 쓰리 아웃사이드 다운형은 베어리쉬 인걸핑형을 확인시켜주는 형태의 패턴입니다. 완성된 인걸핑형이 보이고 세 번째 봉의 종가가 두 번째 봉의 종가와 첫 번째 봉의 시가보다 낮게 마감되면서 형성됩니다. 향후 추세의 하락 반전을 예상할 수 있습니다.

긴 상승추세 이후 정상권에서 이 패턴이 발생했다면 하락 전환에 대한 신뢰성은 더욱 높아진다고 볼 수 있습니다. 이 패턴과 유사한 하락반전형 패턴으로 쓰리 인사이드 다운형이 있습니다.

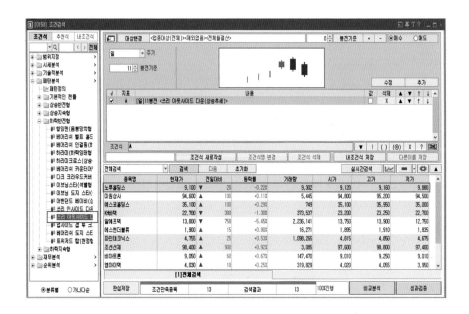

쓰리 아웃사이드 다운형으로 검색된 종목 중 노루홀딩스의 주가 움직임을 차트에서 확인하면 다음과 같습니다. 동그라미 부분에서 인걸핑형이 확인됩니다. 세 번째 음봉의 종가가 두 번째 음봉의 종가와 첫 번째 양봉의 시가보다 낮게 마감된 것도 확인할 수 있습니다.

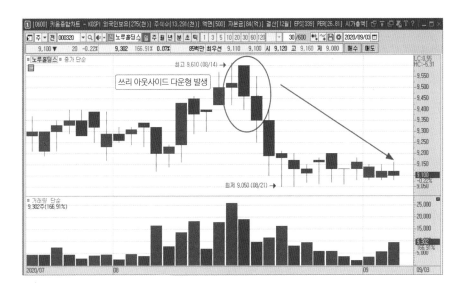

업사이드 갭 투 크로우즈 | 까마귀형의 패턴으로 상승추세가 지속되다가 강한 양봉 이후 상승 갭에서 두 개의 음봉을 형성하면서 완성됩니다.

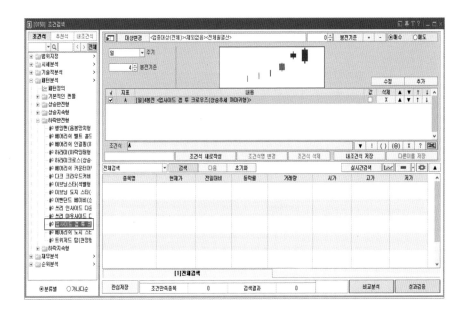

이 패턴은 세 번째 봉의 음봉이 두 번째 봉의 음봉을 감싸안은 것으로 첫 번째 봉과 갭을 형성하면서 발생합니다. 향후 주가의 하락을 예고해주는 하락반전형 패턴이지만 전후 주가의 움직임을 고려해 신중하게 판단해야 합니다. 이 패턴은 쉽게 검색되지 않아 차트를 확인하기가 어렵습니다.

베어리쉬 도지 스타 ┃ 베어리쉬 도지 스타형은 전날의 강한 양봉 이후 상승 갭을 발생시키며 도지가 형성된 패턴입니다. 향후 하락 전환 패턴으로 반전될 가능성이 매우 높은 패턴입니다. 그러나 이 패턴만으로 하락 전환에 대한 판단을 내리기보다는 다음 날 약한 음봉이 발생하여 이브닝스타형이 완성된 다음 하락 전환에 대해 판단을 내리는 것이 바람직합니다.

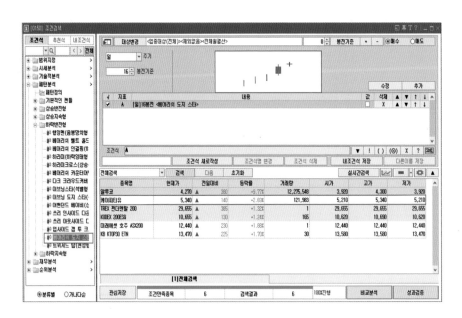

베어리쉬 도지 스타형과 관련된 차트를 살펴봅시다. 이 패턴이 발생한 이후 주가 움직임은 하락 전환되었음을 확인할 수 있습니다.

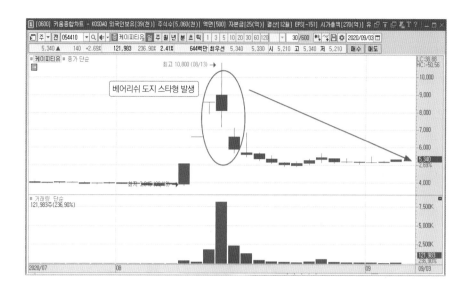

트위저드 탑 ┃ 트위저드 탑형은 여러 가지 봉이 복합적으로 결합되어 봉이 더 이상 고가를 갱신하지 못하고 고점이 일치하는 형태를 띠는 패턴입니다.

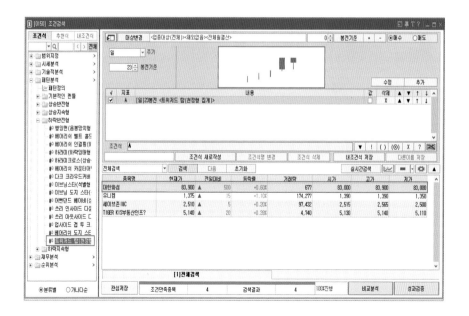

일치하는 고점이 저항선 역할을 하며, 특히 고점을 일치시키는 봉이 많을수록 주가의 반전은 더욱 강력하게 나타납니다. 상승추세에서 이 패턴은 향후 주가의 하락을 예고해주며 이에 대한 기타 보조 지표들이 하락신호를 보여주는 것으로 확인할 수 있습니다.

트위저드 탑형을 차트에서 확인해보면 다음과 같습니다.

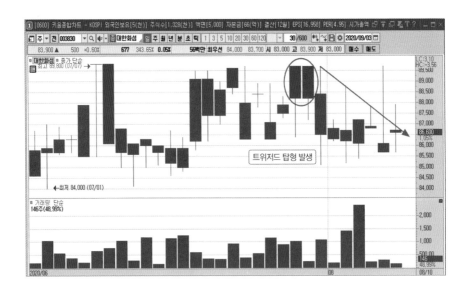

06

하락지속형

하락하는 과정에서
이어진다

하락지속형 봉의 모습

하락지속형은 하락하던 추세에서 나타나 하락세가 계속해서 이어지는 것을 말합니다. 쓰리 블랙 솔저형, 아이덴티컬 쓰리 크로우즈형, 다운사이드 갭 태스키형, 다운사이드 갭 쓰리 메써즈형 등이 있습니다.

쓰리 블랙 솔저 ┃ 쓰리 블랙 솔저형은 음봉 세 개가 연속 등장하여 흑삼병 패턴이라고도 합니다. 상승추세 후 고가권에서 출현하는 반전 봉으로 향후 하락추세를 예고합니다. 이는 장세 끝 무렵에 갑작스런 악재의 출현으로 매도세력이 급격히 증가하는 것입니다.

패턴의 형태는 각 봉의 시가가 연속해서 하락하면서 세 개의 음봉으로 형성되며, 각 봉의 시가는 직전 음봉의 몸통 내에서 형성됩니다. 각 음봉은 저가에 근접하여 종가를 형성함으로써 주가가 꾸준하게 하락하는 시장상황을 보여줍니다. 또한 각 음봉의 꼬리가 거의 없을수록 시장이 강하게 하락세로 반전되고 있음을 보여줍니다. 반대로 쓰리 화이트 솔저형이 있습니다.

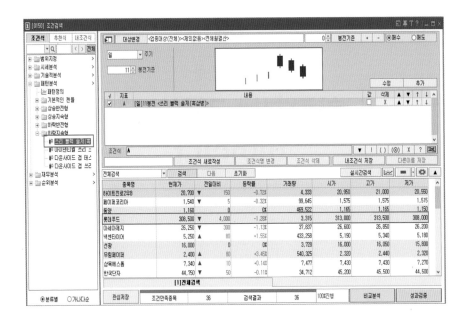

쓰리 블랙 솔저형 이후 주가 움직임은 다음 차트를 통해 확인할 수 있습니다.

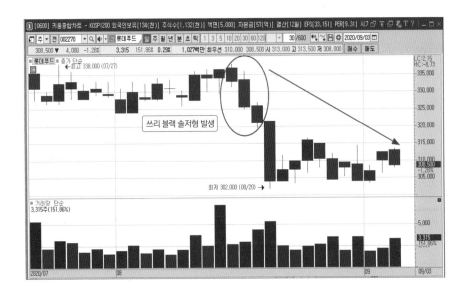

아이덴티컬 쓰리 크로우즈 | 이 패턴은 두 번째 봉과 세 번째 봉의 시가가 각각 전날의 종가 부근에서 시작됩니다. 이 패턴도 갑작스런 커다란 악재의 출현으로 매도세력이 급증하고 상대적으로 매수세력이 없을 때 발생합니다. 이후 주가에 미치는 영향은 쓰리 블랙 솔저형보다 강력합니다.

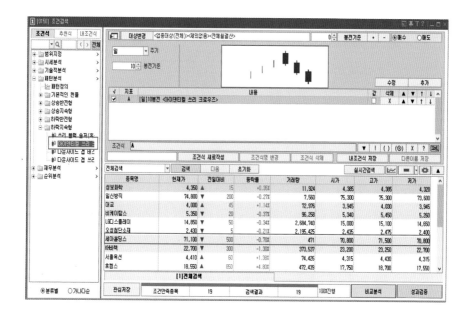

아이덴티컬 쓰리 크로우즈형이라는 용어에서 볼 수 있듯이 세 번째 봉에 큰 음봉이 생긴다는 것은 저항구간으로 분석되는 몸통구간이 세 번이나 누적되어 있다는 의미입니다. 그만큼 매도압력이 강하다는 것으로, 하락세도 다른 음봉보다 강하다는 것을 알 수 있습니다.

아이덴티컬 쓰리 크로우즈형은 하락추세가 지속되는 시장상황을 반영하는 패턴입니다. 일반적으로 상승추세가 지속된 이후 이 패턴이 나타나면 하락추세가 지속된다고 볼 수 있습니다.

아이덴티컬 쓰리 크로우즈형이 발생한 이후 주가 움직임은 다음 차트를 통해 확인할 수 있습니다.

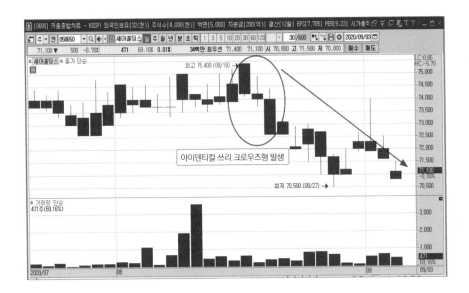

다운사이드 갭 태스키 ┃ 다운사이드 갭 태스키형은 하락돌파갭형이라고도 합니다. 보통 하락추세 중간에 나타나는 패턴입니다.

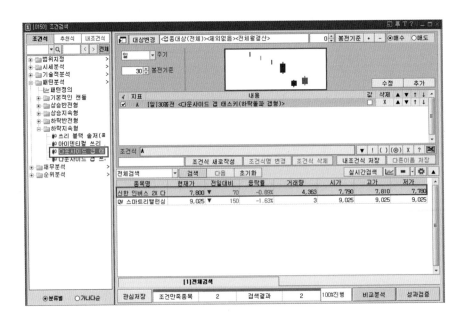

하락추세에서 긴 음봉을 형성한 이후 갭이 출현하고 이어 음봉이 나타나 추세가 지속되는 모습을 보입니다. 하지만 세 번째 봉은 두 번째 봉의 몸통 안에서 시가가 형성된 후 종가는 전날의 시가 위로 마감됩니다. 이때 형성되는 양봉은 갭을 메우지 않는 것이 일반적입니다.

이 패턴은 하락추세 도중에 생긴 지속형이므로 매도시점을 알리는 것으로 분석합니다. 하락장에서 이 패턴이 발생하였다면 양봉의 종가는 좋은 매도시점이 됩니다. 유사한 패턴은 다운사이드 갭 쓰리 메써즈형입니다.

다운사이드 갭 태스키형이 발생한 이후의 주가 움직임은 다음 차트를 통해 확인할 수 있습니다.

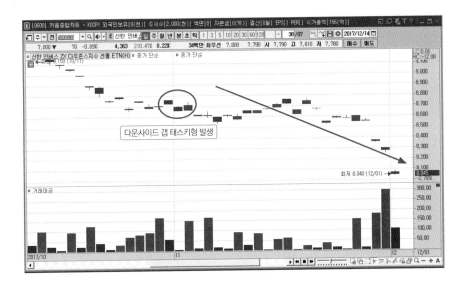

다운사이드 갭 쓰리 메써즈 ｜ 하락추세가 지속되는 가운데 긴 음봉이 전날의 음봉 아래 하락 갭과 함께 연속으로 나타나고, 세 번째 봉이 갭을 메우며 첫 번째 봉의 가격범위로 진입하는 양봉으로 나타나는 형태의 패턴입니다. 상승추세가 지속되는 가운데 발생해야 하며 양봉이 첫 번째 봉의 음봉과의 갭을 메워야 합니다. 또한 각각의 봉의 몸통은 장대여야 합니다.

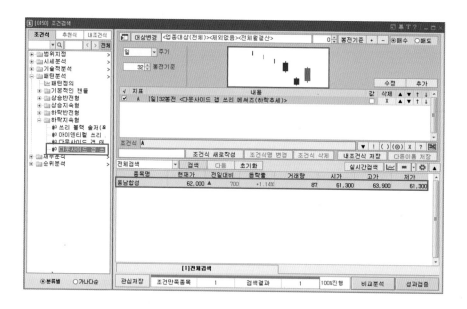

이 패턴은 매우 드물게 나타나는 패턴으로 보조지표분석과 병행되어야 합니다. 이 패턴이 나타난다면 저점매수나 고점매도의 기회로 이용할 수 있습니다.

다운사이드 갭 쓰리 메써즈형이 발생한 이후의 주가 움직임은 다음 차트를 통해서 확인하세요.

사케다 전법으로 매매시점을 파악하세요

—

사케다 전법은 일본 도쿠가와시대 사케다 항구에서 활동하며 거래의 신이라 불렸던 혼마가 세운 이론을 구체화하여 실전에 적용시킨 투자기법입니다. 주가의 기본적인 패턴을 분석하는 데 주로 사용되고 있습니다. 삼산三山, 삼천三川, 삼공三空, 삼병三兵, 삼법三法 등으로 구성되어 있습니다.

삼산

삼산형은 대표적인 반전 패턴입니다. 지속적인 주가상승 이후 주식을 사고자 하는 매수세력은 계속 유입되지만 더 이상 상승하지 못하는 경우에 종종 발생합니다. 삼산형은 그 패턴이 형성되는 기간이 길수록 신뢰도가 높아집니다.

일반적으로 삼산형이 나타나면 향후 주가가 상승추세에서 하락추세로 전환이 예상되기 때문에 목선(네크라인)을 하향돌파하는 시점을 매도시점으로 판단해야 합니다.

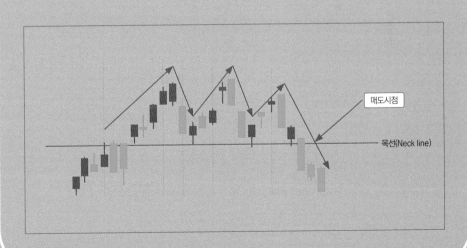

삼천

삼천형은 삼산형을 그대로 뒤집어놓은 모양으로 하락추세에서 상승추세로 전환할 때 종종 발생합니다. 삼천형은 주가가 수개월 이상 하락한 후에 나타납니다. 이 패턴에서는 저항선인 목선을 상향돌파할 때를 매수시점으로 판단합니다.

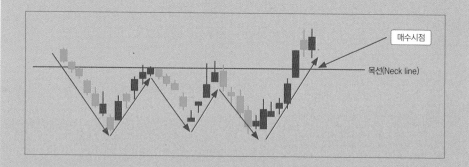

삼공

삼공이란 연속된 갭이 발생하는 것을 의미합니다. 주가가 하루 사이 갑자기 폭등하거나 폭락함으로써 갭이 발생하게 되는데, 이 갭이 연속 3회 발생하는 경우를 삼공이라 합니다. 주가가 큰 폭으로 상승한 후에 천정권에서 삼공이 발생하면 주가는 더 이상 추가적인 상승을 하지 못하고 하락과 조정국면에 접어들게 됩니다.

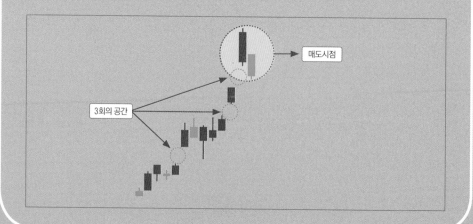

삼병

삼병형은 주가 흐름의 대세 반전을 암시해주는 패턴으로 적삼병과 흑삼병으로 구분됩니다. 대세 하락장에서 적삼병이 나타나면 주가하락이 멈추고 상승 반전되어 앞으로 상승추세가 지속될 것을 예고해줍니다. 반대로 대세 상승장에서 흑삼병이 나타나면 주가상승이 멈추고 하락 반전되어 앞으로 하락추세가 지속될 것을 예고해줍니다. 따라서 삼병형이 출현하면 대세 반전의 전환시점을 예상해볼 수 있습니다.

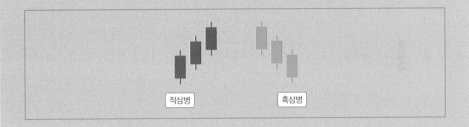

삼법

삼법이란 사고, 팔고, 쉬는 것을 말하는 것으로 특히 여기서는 매도한 이후 쉬는 것을 강조합니다. 삼법은 "쉬는 것도 투자다"라는 주식에 관한 격언처럼 매수, 매도가 불확실한 상황에서 주가가 움직이는 방향을 기다리며 일정 기간 휴식이 필요하다는 것을 말합니다.

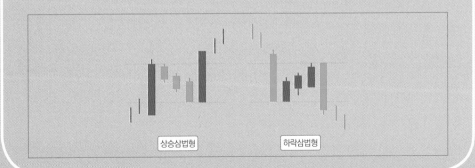

상승삼법

주가가 상승추세를 보이는 가운데 장대양봉 발생 후 연속해서 조정을 받지만, 이전 장대양봉의 저점 부근을 이탈하지 않고 재차 강하게 반등하며 추가 상승을 이어가는 패턴입니다. 상승삼법은 앞의 장대양봉을 상승돌파할 때를 매수시점으로 판단합니다.

하락삼법

주가가 하락추세를 보이는 가운데 장대음봉 발생 후 연속해서 반등을 시도하지만, 결국 이전 장대음봉의 고점 부근을 돌파하지 못하고 재차 하락하며 추가 하락을 이어가는 패턴입니다. 하락삼법은 앞의 장대음봉을 하향돌파할 때를 매도시점으로 판단합니다.

쾌남 씨는 앞의 차트를 보고 곧바로 적삼병Three white solider이라는 판단을 했습니다. 적삼병은 매수세가 활발한 양선이 3일 연속 발생한 패턴으로 상승신호를 보여주는 대표적인 패턴입니다. 이 패턴을 HTS에서 확인해보면 다음과 같습니다.

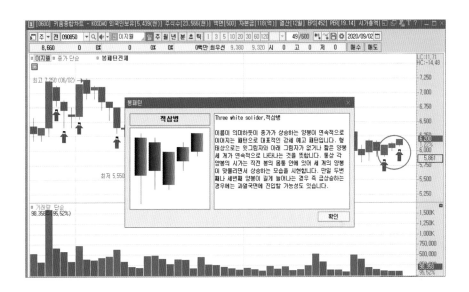

그렇다면 실제로 적삼병이 발생한 이후에 주가상승세가 있었는지 차트를 통해 그 이후의 주가 진행방향을 확인해보겠습니다. 다음 페이지의 차트에서 보는 바와 같이 적삼병이 발생한 이후 주가가 약 일주일 정도 상승하는 모습을 보였다는 것을 확인할 수 있습니다.

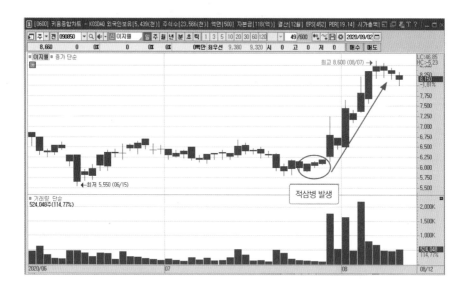

그러나 적삼병이 발생한 경우 상승할 가능성이 높다는 것이지 반드시 상승세로 이어진다는 것은 아닙니다. 아래 차트를 보면 적삼병이 나타난 이후에도 곧바로 상승하지 않고 주가가 일주일 정도 눌림목을 형성하는 경우도 있음을 알 수 있습니다. 이를 이해하고 전후 사정을 살펴야 한다는 것도 잊어서는 안 됩니다.

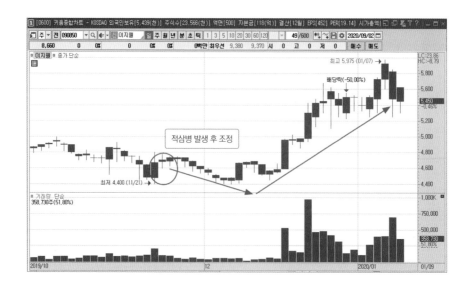

응용문제 1

창훈 씨는 최근 1인 가구가 증가하면서 집에서 라면을 먹는 사람들이 늘어난 것에 주목하고 있습니다. 그래서 라면 제조업체의 주가를 검토하던 중 농심의 차트를 살펴보게 되었습니다.

    다음은 농심의 일봉차트입니다. 다음 차트를 보고 어떤 패턴이 나타났는지, 그리고 앞으로의 주가는 어떤 방향으로 움직일지 생각해봅시다.

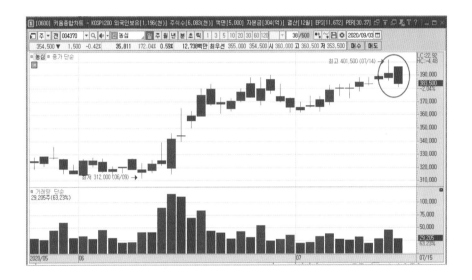

Answer

농심의 일봉 패턴은 베어리쉬 인걸핑(하락장악형) 패턴입니다. 왼쪽 양봉을 오른쪽 음봉이 완전히 감싸는 형태입니다. 상승 추세에서 이 패턴이 나타나면 매수세보다 매도세가 더 강해지는 상태를 의미합니다. 일반적으로 하락장악형이 나타나면 주가가 하락할 가능성이 큽니다.

    그렇다면 HTS를 통해서 농심의 주가 움직임을 보겠습니다. 다음 차트에서 보는 바와 같이 하락장악형이 발생한 이후 실제로 주가하락이 나타났음을 확인할 수 있습니다.

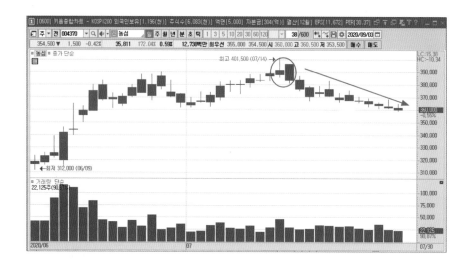

응용문제 2

혜정 씨는 건강에 관심이 많습니다. 특히 사람들의 수명이 길어지면 건강기능식
상품에 대한 수요도 증가할 것으로 생각하고 있습니다. 그래서 최근 내추럴앤도
텍을 인수한 서흥의 주가를 살펴보기로 했습니다. 혜정 씨가 서흥의 차트를 검토
하던 중 다음과 같은 패턴을 보게 되었습니다. 과연 혜정 씨는 이 차트를 통해 어
떤 결론을 내렸을까요?

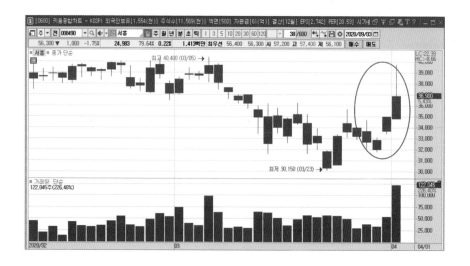

Answer

서흥의 주가는 단기적으로 하락한 이후 쓰리 화이트 솔저(적삼병)의 패턴을 보이고 있습니다. 이는 매수세가 활발해지고 있다는 의미인데요. 앞으로 주가상승이 예상되는 패턴입니다. 과연 적삼병이 발생한 이후 주가는 어떻게 움직였는지 확인해보겠습니다.

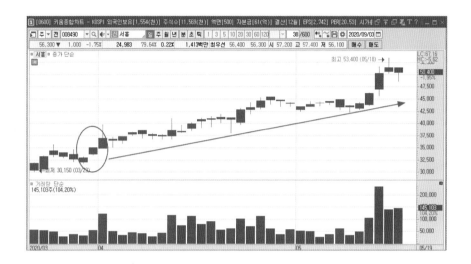

차트에서 확인할 수 있는 것처럼 적삼병이 발생한 이후 주가는 하락세에서 벗어나 상승세로 바뀌는 모습을 보였습니다. 주가는 매수세와 매도세의 힘겨루기에서 누가 이기느냐에 따라 상승세로 또는 하락세로 바뀝니다. 시장에 수급이 어느 방향으로 흐르는지 차트를 통해 매일 점검해야 합니다.

응용문제 3

민주 씨는 요즘 백화점에서 알바를 하고 있습니다. 경기가 불황을 겪음에도 불구하고 백화점을 찾는 고소득층의 소비는 좀처럼 줄지 않는 것을 보고 백화점 관련주에 관심을 갖게 되었습니다. 그래서 롯데쇼핑의 차트를 검토하게 되었습니다. 과연 롯데쇼핑의 주가는 어떻게 움직였을까요?

Answer

현재 롯데쇼핑의 일봉 모습은 이틀 동안 저점이 동일한 트위저즈 보텀(바닥집게형)이 나타난 것입니다. 바닥집게형이 나타난 이후 주가가 상승하는 모습을 보이는 것이 일반적입니다. 다음 차트를 통해 확인해보겠습니다.

차트에서 확인할 수 있는 바와 같이 바닥집계형은 발생 이후에 주가가 상승하는 모습을 보였습니다.

그렇다면 주가의 고점이 같은 천정집계형이 나타나면 어떻게 될까요? 천정집계형을 찾아서 그 이후의 주가 움직임을 확인해보겠습니다. 아래 차트에서 보는 바와 같이 천정집계형이 나타난 이후 주가가 하락했음을 확인할 수 있습니다.

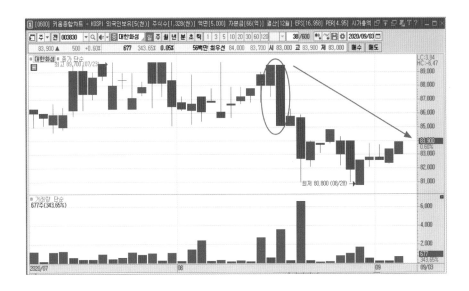

03

주가 추세를
이용한 매매전략

주식 매수, 매도시점을 정확하게 알기 위해서는
시장의 추세를 분석해야 합니다.

"

주식시장의 흐름이 궁금하시죠?
바로 시장의 진행방향이 추세입니다.
주식투자자라면 추세에 민감해야 합니다.
과거의 추세를 통해 미래의 추세를
예측하는 추세분석으로 미래의 추세를
결정하는 방법에 대해 알아봅시다.

"

일광 씨는 우리나라 주식시장의 최고 종목인 삼성전자에 관심이 많습니다. 삼성전자는 휴대폰과 반도체부문 세계 1위 기업이라는 점에서 실적도 뒷받침되고 기업가치도 뛰어나다는 점을 알고 있습니다.

코로나 위기 기회로 잡았다… 삼성 반도체, 6분기 만에 최대실적

삼성전자는 2020년 2분기 실적발표를 통해 반도체 부문 매출 18조 2,300억 원, 영업이익 5조 4,300억 원을 기록했다고 밝혔다. 전년 동기 대비 매출은 13.3%, 영업이익은 59.7% 올랐다.

삼성전자 전체 매출과 영업이익이 52조 9,700억 원, 8조 1,500억 원인 점을 감안하면 반도체 부문 실적이 차지하는 비중은 상당하다. 이번 실적은 2018년 4분기 이후 가장 높은 수준이기도 하다.

삼성전자 관계자는 "2분기 메모리 반도체는 데이터센터와 PC의 수요 견조로 실적이 개선됐다"면서도 "다만 낸드 비트 성장률은 모바일 수요 약세와 일부 응용처에 대한 일시적 가용량 부족으로 시장 성장을 하회했다"고 말했다.

회사 측에 따르면 2분기 메모리 사업은 코로나19 영향이 지속되면서 모바일 수요는 비교적 약세였다. 하지만 재택근무와 온라인 교육 증가로 데이터센터와 PC 중심으로 수요가 견조해 전년과 직전 분기 대비 실적이 개선됐다.

하반기도 코로나19로 불확실성은 상존하지만 신규 스마트폰과 게임 콘솔이 출시되면서 모바일·그래픽용 수요가 회복될 것으로 예상된다.

그런데 지금이 삼성전자 주식을 사야 할 시점인지 그렇지 않은지에 대해서는 자신이 없습니다. 그래서 주식투자를 오래 해온 도호 씨를 찾아가서 과연 삼성전자 주식을 매수해도 좋은 시점인지를 물어보기로 했습니다. 일광 씨에게 어떤 대답을 들려주었을까요?

01

추세와 추세선

시장은 추세가
결정한다

지지선과 저항선으로 매매전략을 세우세요

기술적 분석의 기본 가정을 통해서 볼 때 주가는 사소한 변동을 무시한다면 일정 기간 추세를 이루면서 움직입니다. 이외에도 주가는 일정한 범위에서 움직이는 모습을 자주 보입니다. 이때 주가 움직임의 저점과 저점을 이은 선을 '지지선'이라 하고 고점과 고점을 이은 선을 '저항선'이라 합니다.

일단 지지선이나 저항선이 확인되면 매매전략을 수립하는데 대단히 유용합니다. 일반적으로 주가가 상승세에 있을 때 저항선을 상향돌파하는 경우 추가 상승이 가능한 것으로 판단하고, 주가가 하락추세에 있을 때 지지선을 하향돌파하는 경우 추가 하락이 가능한 것으로 판단합니다.

지지선과 저항선은 다음과 같은 성질을 가지고 있습니다.

1 저항선이나 지지선을 돌파하기 전이나 후에 거래량이 크게 증가한다면 저항이나 지지의 강도가 더 크다고 할 수 있습니다.

2 장기적으로 형성된 지지선이나 저항선이 단기적으로 형성된 것들보다 더 큰 의미가 있다고 봅니다. 특히 저항선이나 지지선의 역할은 횡보하는 장세에서 더 커집니다. 왜냐하면 상승추세나 하락추세로 전환되는 시기나 상승 시의 상 승폭, 하락 시의 하락폭의 크기를 예상할 수 있게 해주기 때문입니다.

3 직전에 형성된 고점은 저항선의 역할을, 반대로 직전에 형성된 저점은 지지선 의 역할을 하는 경우가 많습니다.

이러한 지지선이나 저항선의 의미를 정리해보면 다음과 같습니다.

1 현재 주가의 목표치를 설정하고 매매전략을 수립하는 데 사용됩니다.

2 저항선이나 지지선을 돌파하려는 시도가 여러 차례 실패하는 경우 추세가 전 환되는 것으로 판단합니다.

3 추세가 강화되는 경우 최근에 형성된 지지선이나 저항선의 신뢰도가 더 큽니다.

4 정액가격대, 즉 1만 원, 2만 원, 5만 원, 10만 원 등의 단위나 자릿수가 바뀌 는 경우는 심리적으로 지지선과 저항선의 역할을 합니다.

추세선의 기울기에 주목하세요

기술적 분석에 의하면 주가의 움직임은 시장의 수요와 공급에 따라 형성됩니다. 즉, 시장에서 사려고 하는 수요가 많으면 주가가 상승하고 반대로 팔려고 하는 공급이 많으면 주가가 하락하는 것입니다. 그런데 한번 사려고 마음먹은 사람들 은 일정 기간 지속해서 사려는 습성이 있고, 또 한번 팔려고 마음먹은 사람들은 일정 기간 지속해서 팔려는 습성이 있습니다. 이 때문에 주가는 일정 기간 동안 오르거나 내리는 모습을 보입니다. 이를 추세라고 합니다.

주식시장에는 '추세는 내 친구Trend is My Friend'라는 말이 있습니다. 추세를 친구로 삼아 동행하라는 의미입니다. 그만큼 추세가 중요하고 그 추세를 이용하면 주식 시장에서 수익을 얻을 가능성이 크다는 것이지요.

추세선이란 고점과 고점, 또는 저점과 저점을 이은 선을 말합니다. 추세선은 상승추세선과 하락추세선으로 구분되는데, 상승추세선은 저점과 저점을 이어서 그리고 하락추세선은 고점과 고점을 이어서 그립니다. 즉, 상승추세선은 저점이 계속 높아지는 경우를 말하고 하락추세선은 고점이 계속 낮아지는 경우를 말합니다. 그리고 주가가 횡보를 하는 경우에는 평행추세선을 그릴 수도 있습니다.

각 추세선의 기본적인 모습은 다음과 같습니다.

▼ 상승추세선
상승추세 중 각각의 의미 있는 저점을 연결해서 선으로 표시

▼ 하락추세선
하락추세 중 각각의 의미 있는 고점을 연결해서 선으로 표시

▼ 평행추세선
횡보구간 중 각각의 의미 있는 저점을 연결해서 선으로 표시

일반적으로 추세선은 중요한 지지선 또는 저항선의 역할을 합니다. 상승추세선은 주가의 하락을 저지하는 지지선의 역할을 하고, 하락추세선은 주가의 상승을 막는 저항선의 역할을 합니다.

정확한 추세선을 그리기 위해서는 장중에 형성되는 고가나 저가까지 모두 포함해야 하지만 추세선을 일시적으로 이탈했다가 종가 무렵에 다시 복귀하는 경우에는 고가나 저가 부분은 크게 신경 쓰지 않아도 됩니다. 아무튼 일단 추세선이 그려지면 일정 기간 동안 주가는 추세선상에서 움직일 가능성이 높습니다.

일반적으로 신뢰할 수 있는 추세선은 다음과 같은 조건을 갖추어야 합니다.

1 **추세선의 길이**: 추세선은 길이가 길면 길수록 신뢰도가 높아집니다. 추세선의 길이가 길다는 것은 그 추세가 탄탄하며 주가의 움직임이 일관되게 나타난다는 것을 의미합니다.

2 **추세선의 기간**: 추세선이 형성되는 기간이 길면 길수록 신뢰도가 높아집니다. 즉, 저점이나 고점이 여러 차례 나타날수록 좋습니다.

3 **추세선의 각도**: 추세선의 각도는 완만하게 나타나는 경우가 더 신뢰할 만합니다. 만약 추세선이 가파르게 진행되면 추세의 반전도 급격하게 일어날 수 있기 때문입니다.

추세선의 변화를 살펴보아야 합니다

한 번 형성된 추세선은 그 기울기가 바뀌면서 추세가 변하는 모습을 보이기도 합니다. 일반적으로 상승하는 과정에서 상승기울기가 바뀌면 추세가 변하는 경우가 많습니다. 이렇게 추세선이 상승추세를 나타낼 때 기울기가 커지면 상승추세의 강화로 판단하고, 반대로 기울기가 완만해지면 상승추세의 약화로 판단합니다. 특히 추세선이 강화되거나 약화되는 경우 기존의 추세선을 수정해서 현재 진행되고 있는 추세를 반영하는 것이 필요합니다.

흔히 추세선은 직선에 가까운 모습을 보이지만 주가의 상승이나 하락이 급격하게 나타나는 경우 직선보다는 곡선에 가깝게 나타나기도 합니다. 이는 기울기가 점차 가파른 형태로 나타나기 때문입니다.

그리고 추세는 주가의 움직임에 따라 상향돌파 또는 하향돌파되는 경우가 흔히 나타납니다. 이때 주가가 저항선을 상향돌파하고 나면 일시적으로 기존의 저항선 부근까지 되돌림하는 경우가 발생합니다. 이때는 기존의 저항선이 지지선의 역할을 하는지 관찰해야 합니다.

추세는 상승추세, 하락추세로 그리기도 하지만 상승추세에서도 저점과 저점, 고점과 고점을 이어놓으면 주가가 일정한 범위에서 움직이는 박스권 형태의 추세대를 확인할 수 있습니다. 일단 추세대를 확인하게 되면 주가는 다음과 같은 특징을 갖습니다.

1 지지선과 저항선 사이에서 등락을 거듭하던 주가가 저항선에 이르지 못하고 하락하는 경우 지지선을 하향돌파할 가능성이 큽니다.

2 주가가 지지선을 하향돌파함으로써 상승추세가 끝나고 하락국면으로 접어들면 기존의 지지선은 더 이상의 의미를 갖기 어렵습니다. 이때 새로운 추세대를 확인하는 것이 필요합니다.

3 주가가 상승추세에서 등락을 거듭하다가 상승세가 강화되는 경우 저항선을 뚫고 상승하게 됩니다. 이를 추세의 강화라고 하는데 이때 기존의 저항선은 더 이상의 의미를 갖기 어렵고 기존의 추세대보다 더욱 가파른 새로운 추세대를 확인해야 합니다.

자동추세선 이용법

초보투자자들은 추세선을 어떻게 그려야 할지 잘 모르는 경우가 많습니다. 어디를 저점으로 잡고 또 어디를 고점으로 잡아야 할지 모르기 때문이죠. 이때 유용하게 사용할 수 있는 것이 바로 자동추세선 기능입니다.

자동추세선은 다음 화면에서와 같이 그리면 됩니다. 먼저 차트 위에 마우스를 대고 오른쪽 버튼을 누르면 다음과 같은 메뉴가 나타납니다. 여기서 자동추세선을 선택하세요.

다음 화면은 자동추세선에 의해서 그려진 추세선들입니다. 저점과 고점을 선택해서 그릴 수 있는 다양한 형태의 추세선들을 자동으로 보여줍니다. 따라서 투자자들은 자신이 생각하기에 적절하다고 생각되는 추세선을 이용해서 투자 판단에 사용하면 됩니다.

직선회귀선과 직선회귀채널

회귀분석이라는 것은 통계학에서 사용되는 기법입니다. 일정 기간 동안 주가 움직임의 추세를 가장 잘 설명할 수 있는 선을 그어보는 것입니다. 그러므로 회귀선은 흔히 얘기하는 지지선이나 저항선을 그려서 알아보는 추세선과는 달리 통계적인 타당성이 확보된 통계적 추세입니다.

직선회귀선은 차트 위에서 오른쪽 마우스를 누르고 차트툴을 선택하여 설정할 수 있습니다. 직선회귀선을 클릭하고 날짜의 범위를 선택하면 자동으로 직선회귀선이 그려집니다. 직선회귀선을 이용해서 주가 움직임의 일정한 범위를 알고 싶다면 직선회귀채널을 선택하세요. 주가 움직임에 대해 좀 더 쉽게 이해할 수 있습니다.

다음 화면은 직선회귀선과 직선회귀채널을 통해서 본 주가의 움직임입니다.
거의 주가 움직임의 범위를 알 수 있는 채널 추세라는 것을 확인할 수 있습니다.

선형회귀선

직선회귀선은 주가의 평균적인 추세를 알려주는 선입니다. 그러나 좀 더 세부적인 주가의 추세를 알아보기 위해서 직선으로는 부족한 부분이 있습니다. 따라서 주가 추이를 제대로 따라잡는 추세선을 그리기 위해서는 직선보다 곡선이 더 유용한 경우가 많습니다. 이를 알아보기 위한 것이 바로 선형회귀선입니다.

차트 화면의 왼쪽 메뉴바에서 [추세지표] → [Linear Regression Line]을 선택하세요. 이때 HTS에서는 기간이 14일로 잡혀 있습니다. 즉, 14일 동안의 평균적인 움직임을 보이는 회귀선의 궤적이라고 보시면 됩니다.

앤드류 피치포크 추세선 그리는 법

HTS에서 자동추세대를 그리는 방법 가운데 '앤드류 피치포크'가 있습니다. 앤드류 피치포크를 사용하기 위해서는 다음과 같이 차트툴을 설정해야 합니다.

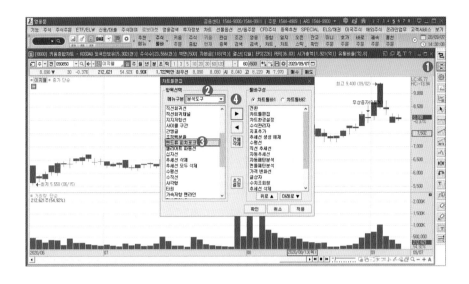

먼저 ❶번의 차트툴 편집 버튼을 누르고, ❷번의 분석도구, ❸번의 앤드류 피치포크 순으로 선택한 후 ❹번 버튼을 누르면 앤드류 피치포크 추세대를 사용할 수 있습니다. 이렇게 앤드류 피치포크가 설정되고 나면 다음과 같이 분석하면 됩니다. 즉, 의미 있는 저점과 고점 3곳을 지정하면 앤드류 피치포크 추세대가 자동으로 설정됩니다.

앤드류 피치포크 라인의 매매원리는 추세선 하단이 무너지면 매도, 추세선 하단에서 지지하거나 상승하면 매수하고, 중심선에서 저항을 받으면 일단 매도합니다. 다시 중심선을 뚫거나 지지하면 매수하고, 중심선이 무너지면 매도합니다. 추세선 상단에서 저항을 받으면 매도하고, 추세선 상단선의 지항을 뚫으면 다시 매수, 상단선이 무너지면 매도합니다.

앤드류 피치포크의 또 다른 장점은 주식시장에서 매매하는 세력들의 이동평균선에서의 속임수 동작을 알아챌 수 있다는 점입니다. 그 이유는 정해진 이동평균선에서 지지와 저항을 기다렸다가 매매하려고 하는 많은 투자자를 속이기 위해 일부러 이동평균선을 이탈시키는 패턴이 많이 나오기 때문입니다. 즉, 이동평균선에서의 지지와 저항을 노리고 매매에 들어갔다가 이동평균선을 무너뜨려 손절을 유도한 후 손절하고 나면 자기들이 원하는 방향성으로 주가를 끌고 가기 때문에 이동평균선과 함께 추세선을 적용하여 손절과 매수급소, 그리고 매도급소에 숨어 있는 그들의 의도를 읽어내어 수익을 극대화할 수 있습니다.

02

추세선을 이용한 매매시점 포착

추세선으로
매매신호를 찾아라

추세대 이탈을 살펴보세요

추세대는 고점과 고점을 이은 선, 그리고 저점과 저점을 이은 선이 평행하게 하나의 채널을 만드는 것을 말합니다. 추세대는 크게 상승추세대와 하락추세대, 그리고 주가가 횡보하는 평행추세대가 있습니다.

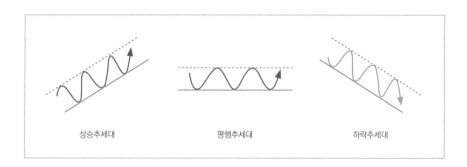

주가는 추세대의 범위 내에서 움직입니다. 따라서 주가가 추세대를 어떤 방향으로 이탈하는지 잘 살펴보면 매매시점을 알 수 있습니다. 이제부터 위의 세 추세대와 삼각수렴하는 추세대에서의 매매시점을 살펴보겠습니다.

상승추세에서 상단 저항선을 상향돌파하는 경우

상승추세는 저점과 고점을 높여가며 가격이 지속적으로 상승하고 있는 추세입니다. 상승추세에서 주가의 저점과 저점을 이은 선을 상승추세선이라고 합니다. 따라서 상승추세선은 지지선의 역할을 합니다.

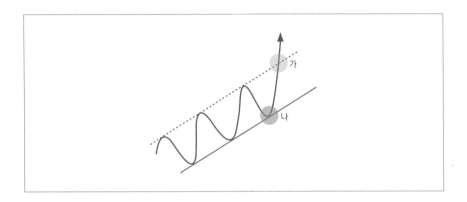

그림에서와 같이 상승추세대를 상향돌파하는 추세의 강화가 나타나면 매수시점으로 판단합니다. 아래 차트에서 확인해보세요.

하락추세에서 상단 저항선을 상향돌파하는 경우

하락추세는 고점과 저점이 점차 낮아지면서 가격이 지속적으로 하락하고 있는 추세입니다. 하락추세에서 주가의 고점과 고점을 이은 선을 하락추세선이라고 합니다. 따라서 하락추세선은 저항선의 역할을 합니다.

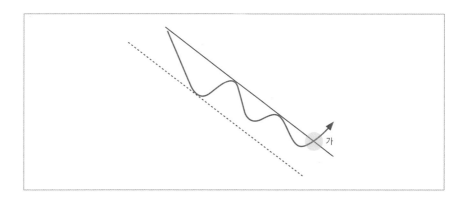

그림에서와 같이 하락추세선을 극복하고 상승추세로 전환하려는 시도가 나타나면 매수시점으로 판단합니다. 아래 차트에서 확인해보세요.

평행추세에서 박스권 상단을 돌파하는 경우

평행추세는 주가가 일정한 기간 동안 박스권 안에서 등락을 반복하는 추세입니다. 매수세력과 매도세력 중 어느 한쪽에 치우치지 않아서 주가가 횡보하는 추세대를 보입니다.

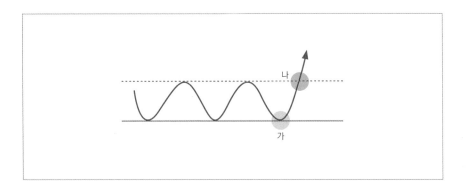

그림에서와 같이 평행추세에서 박스권 상단을 상향돌파하는 경우 매수시점으로 판단합니다. 아래 차트에서 확인해보세요.

수렴 패턴에서 상단 저항선을 상향돌파하는 경우

추세대 중에는 고점과 고점을 이은 저항선은 점점 내려가고 저점과 저점을 이은 지지선은 계속 올라가서 오른쪽으로 향하는 삼각형 모양으로 수렴하는 수렴 패턴도 있습니다.

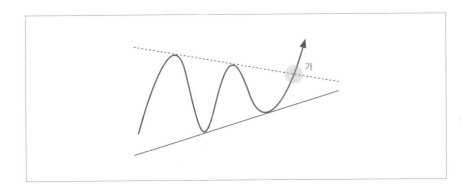

그림에서와 같이 지지선과 저항선이 삼각수렴하는 과정에서 상단 저항선을 상향돌파하는 경우 매수시점으로 판단합니다. 아래 차트에서 확인할 수 있습니다.

상승추세에서 하단 지지선을 하향돌파하는 경우

상승추세이던 주가가 추세선을 하향돌파하면 일단 주식을 매도해야 합니다. 가격이 더 이상 상승하지 않고 하단 이탈하면 지지선이 무너지면서 상승추세도 무너집니다.

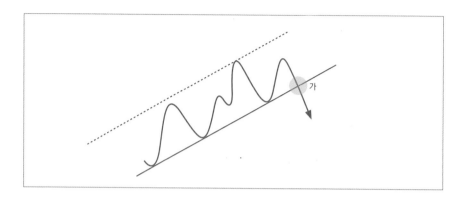

아래 차트를 보면 가파르던 상승추세대에서 주가가 지지선을 뚫고 하향 이탈하는 모습을 확인할 수 있습니다. 이때를 매도시점으로 판단합니다.

하락추세에서 하단 지지선을 하향돌파하는 경우

하락추세이던 주가가 추세선을 하향돌파하면 주식을 매도하는 것이 좋습니다. 가격이 추세대를 하단 이탈하면서 지지선을 무너뜨리면 하락추세는 당분간 계속 이어질 수 있습니다.

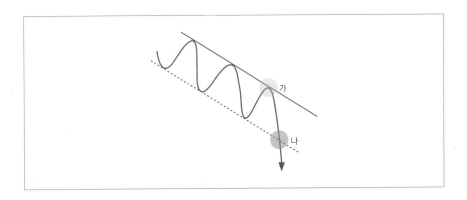

아래 차트를 보면 하락추세대에서 주가가 저항선을 뚫지 못하고 지지선 아래로 하향 이탈하는 모습을 확인할 수 있습니다. 이때를 매도시점으로 판단합니다.

평행추세에서 박스권 하단을 돌파하는 경우

평행추세대는 주식을 매매해도 수익을 내기가 어려운 구간입니다. 따라서 투자자는 성급하게 의사결정을 하지 말고 차트의 신호를 기다리는 것이 좋습니다. 그런데 만약 주가가 횡보하다가 하단 지지선을 돌파하면 매도해야 합니다.

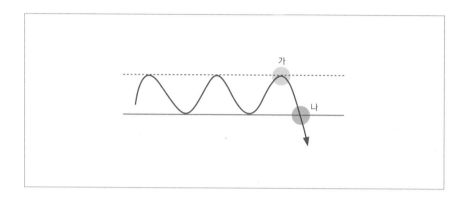

아래 차트를 보면 평행추세대에서 주가가 횡보하다가 하단 지지선을 뚫고 하향 이탈하는 모습을 확인할 수 있습니다. 이때를 매도시점으로 판단합니다.

수렴 패턴에서 하단 지지선을 하향돌파하는 경우

수렴 패턴에서는 점점 내려가는 저항선과 점점 올라가는 지지선 사이에서 주가의 등락폭이 점차 좁아집니다. 그러다 주가가 지지선을 하향돌파하여 더욱 아래로 떨어지는 경우가 있습니다.

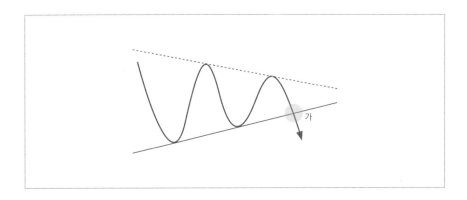

아래 차트를 보면 수렴 패턴에서 주가가 저항선을 뚫지 못하고 하단 지지선을 하향 이탈하는 모습을 확인할 수 있습니다. 이때를 매도시점으로 판단합니다.

03

이동평균선

결국 평균으로
모인다

요즘 젊은이들은 남녀를 불문하고 키가 큰 사람을 선호합니다. 그런 이면에는 만약 자신이 결혼하면 키가 큰 아이들을 낳고 싶다는 생각도 있는 것 같습니다. 키가 큰 남자와 여자가 결혼해서 아이를 낳으면 어떻게 될까요? 다윈의 《종의 기원》에 나온 연구 결과를 보면 대체로 부모의 키보다 작은 아이들이 태어난다고 합니다. 만약 그렇지 않다면 키가 큰 사람끼리 계속 결혼해서 아이를 낳으면 2미터, 3미터, 4미터에 이르는 아이들이 나와야 할 테니까요. 반대로 키가 작은 사람들끼리 결혼해서 아이를 낳으면 2세들은 대부분 부모의 키보다 큰 경우가 많습니다.

이런 현상을 평균회귀의 법칙Law of Mean Reversion이라고 합니다. 결국 모든 세상사의 이치는 평균으로 모이게 된다는 것입니다.

평균회귀에 대한 논란은 투자의 세계에서도 나타납니다. 어떤 사람이 3~5년 정도 계속해서 높은 수익률을 올렸다면 그 이후에는 수익률이 좋지 않을 가능성이 큽니다. 이런 현상을 이용해서 포트폴리오를 구성하는 것을 '승자-패자 포트폴리오'라고 합니다. 이것은 최근 5년 정도 수익률이 높았던 종목, 즉 승자종목은 포트폴리오에서 빼고, 반대로 최근 5년 정도 수익률이 낮았던 패자종목을 포트폴리오에 넣는 전략입니다. 이 포트폴리오는 수익률의 평준화 현상을 노립니다. 수익률이 좋았던 종목들은 이후에는 수익률이 좋지 않을 것으로 보고, 수익률이 좋지 않았던 종목들은 이후에는 수익률이 좋을 것으로 보는 것입니다.

평균의 이동을 추적하세요

평균회귀 현상을 주식투자분석에 접목시킨 것이 바로 이동평균선을 이용한 분석 방법입니다. 그럼 먼저 평균값이 무엇인지 알아봅시다. 평균값은 모두가 알고 있는 바와 같이 평균을 내려고 하는 모든 값을 더한 뒤 항목의 수로 나눠서 구하는 것입니다.

1일	2일	3일	4일	5일	평균
100	102	99	95	104	100

평균 = (100+102+99+95+104)/5 = 100

이렇게 구한 평균값은 하나의 집단 또는 주가를 한마디로 말할 수 있는 대푯값의 특성을 가집니다. 그럼 이동평균이란 무엇일까요? 이는 추세의 변동을 알 수 있도록 구간을 옮겨가면서 평균을 구하는 것을 말합니다. 만약 주가의 5일 이동평균을 구한다면 첫날부터 5일째까지의 값을 더해서 5로 나눠주고, 그다음 날에는 둘째 날부터 6일째까지의 값을 더해서 5로 나눠주는 것을 계속해서 이어가면 이동평균이 구해집니다.

이동평균을 구하는 방법을 예를 들어봅시다.

다음 표는 어떤 기업의 두 달간의 주가를 이용해서 5일 이동평균과 10일 이동평균, 20일 이동평균을 구한 것입니다.

먼저 5일 이동평균은 처음 4월 2일부터 6일까지 매매일수로 5일 동안의 평균을 구하고, 그다음 날은 2일을 빼고 9일의 가격을 넣어서 다시 평균을 구해나갑니다. 마찬가지로 10일 이동평균은 4월 2일부터 16일까지 매매일수로 10일간의 주가를 이용해서 평균값을 구하고 다음 날에는 4월 2일 주가를 빼고 17일 주가를 새로 포함해서 평균을 구해나갑니다. 20일 이동평균도 같은 방법으로 구할 수 있습니다.

일자	종가	5일 이동평균	10일 이동평균	20일 이동평균
2017-04-02	13,985			
2017-04-03	14,360			
2017-04-04	14,055			
2017-04-05	14,115			
2017-04-06	14,085	14,120		
2017-04-09	13,680	14,059		
2017-04-10	13,660	13,919		
2017-04-12	13,490	13,806		
2017-04-13	13,770	13,737		
2017-04-16	13,520	13,624	13,872	
2017-04-17	13,430	13,574	13,817	
2017-04-18	13,695	13,581	13,750	
2017-04-19	13,645	13,612	13,709	
2017-04-20	13,270	13,512	13,625	
2017-04-23	13,245	13,457	13,541	
2017-04-24	13,110	13,393	13,484	
2017-04-25	13,130	13,280	13,431	
2017-04-26	13,180	13,187	13,400	
2017-04-27	13,340	13,201	13,357	
2017-04-30	13,450	13,242	13,350	13,611
2017-05-02	13,670	13,354	13,374	13,595
2017-05-03	13,635	13,455	13,368	13,559
2017-05-04	13,445	13,508	13,348	13,528
2017-05-07	12,955	13,431	13,316	13,470
2017-05-08	13,145	13,370	13,306	13,423
2017-05-09	12,920	13,220	13,287	13,385

이러한 이동평균값들을 선으로 연결한 것을 이동평균선이라 합니다. 주식투자분석에 있어 이동평균선을 이용하는 것은 추세분석의 중심입니다. 기업의 주가를 대표하는 값의 추세를 그려봄으로써 주가의 흐름을 파악하려는 것입니다. 즉, 일정 기간 동안의 주가의 평균치가 올라가는 과정인지 또는 내려가는 과정인지를 파악함으로써 미래의 주가 동향을 미리 예측하고자 하는 지표입니다.

주가 분석에 있어 이동평균선은 이동평균을 구하는 기간 동안 시장의 투자자들이 평균적으로 매수한 가격 또는 매도한 가격으로 볼 수 있습니다. 여기서 한 가지 생각해볼 것은 바로 인간의 본전심리입니다. 본전심리란 손해보다 본전이 되면 팔려고 하는 심리, 그리고 이익보다 본전으로 내려오면 이익을 보기 위해 추가적으로 매수하는 심리를 말합니다. 바로 이런 본전심리 때문에 이동평균선은 매매전략 수립에 중요한 역할을 하고 있습니다.

04

이동평균선의 종류와 특징

고무줄의 원리를 기억하라

이동평균선을 구하는 방법을 보면 가장 오래된 정보가 빠져나가고 새로운 정보가 들어오는 과정을 반복한다는 것을 알 수 있습니다. 날짜를 옮겨서 평균을 냄으로써 매일 새로운 정보를 받아들인다고 보면 됩니다. 이동평균선은 분석하는 기간을 기준으로 단기이동평균선과 중기이동평균선, 장기이동평균선으로 구분합니다. 이는 편의를 위해 매매되는 일수를 기준으로 설정하는 것이 바람직한데, 우리나라에서는 주 5일 주식시장이 열리는 것을 기준으로 본다면 일주일간의 평균을 5일 이동평균, 한 달간의 평균을 20일 이동평균, 3개월간의 평균을 60일 이동평균, 1년간의 평균을 120일 이동평균, 2년간의 평균을 240일 이동평균 등으로 나눕니다. 그러나 투자자에 따라서는 2년간의 평균을 200일 이동평균으로 보는 사람들이 더 많습니다. 이때 단기이동평균선은 5일선과 20일선을 말하고, 중기이동평균선은 60일선 그리고 120일선과 200일선을 장기이동평균선이라 합니다.

이동평균선의 특징을 파악하세요

이제부터 이동평균선이 어떤 특징을 가지고 있는지 살펴보겠습니다.

1 일반적으로 이동평균을 분석하는 기간이 길어질수록 이동평균선의 기울기가 완만해지고 이동평균을 분석하는 기간이 짧아질수록 이동평균선의 기울기가 가파른 모습을 보입니다. 이는 다음 화면을 통해서 확인해볼 수 있습니다.

녹색선이 120일 장기이동평균선입니다. 보시다시피 가장 완만한 기울기를 보이고 있습니다. 5일 이동평균선이 가장 가파른 움직임을 보이고, 다음이 20일 이동평균선, 60일 이동평균선, 120일 이동평균선의 순서로 기울기가 완만해집니다. 이는 달리 생각해보면 5일선의 경우 새로운 정보가 들어오면 1/5로 분배가 되고, 20일선의 경우 1/20로 분배가 되므로 이동평균을 분석하는 기간이 짧을수록 새로운 정보의 크기가 더 크다는 것을 의미합니다. 그렇다면 주가가 올라가는 과정에서는 5일선이 20일선보다 상승하는 정보를 더 크게 받아들여 더 빨리 오르고, 주가가 내려가는 과정에서는 5일선이 20일선보다 더 빨리 내려가게 됩니다.

2 주가가 이동평균선을 돌파하는 시점이 의미 있는 매매 타이밍입니다. 이동평균선은 분석기간 동안의 평균적인 매수가격 또는 매도가격이라는 의미입니다.

따라서 주가가 이동평균선 밑에 있다가 이동평균선에 접근하면 평균적으로 손해를 보던 사람들이 본전에 가까워집니다. 그러면 본전 생각에 주식을 팔게 됩니다. 그런데 주가가 이동평균선 위로 올라왔다는 것은 팔 사람들은 대부분 다 팔았고 그 매물을 극복하고 올라왔다는 것을 의미하므로 시장에서는 추가적으로 급하게 팔 매물이 없다고 판단할 수 있습니다. 그러면 주가가 이동평균선을 아래에서 위로 상향돌파하는 시점을 매수시점으로 볼 수 있습니다. 이런 현상을 골든크로스Golden Cross라고 부릅니다.

반대로 주가가 이동평균선 위에 있는 경우는 사람들이 평균적으로 이익을 보고 있다는 것을 의미합니다. 그런데 주가가 이동평균선에 접근하면 본전을 지키려는 사람들이 팔게 됩니다. 그러다 주가가 이동평균선 아래로 떨어지면 매물이 쏟아지는 모습을 보이는 것입니다. 따라서 주가가 이동평균선을 하향돌파하는 시점을 매도시점으로 볼 수 있습니다. 이런 현상을 데드크로스Dead Cross라고 부릅니다.

아래 차트에서 골든크로스와 데드크로스로 매매시점을 확인해보세요.

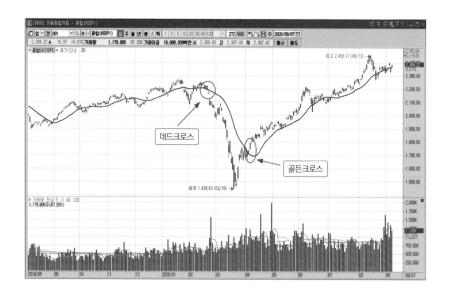

이름에서 느낄 수 있는 것처럼 골든크로스가 발생되는 시점이 매수 타이밍이고 데드크로스가 발생되는 시점이 매도 타이밍입니다. 단기이동평균선과 중장기이동평균선의 관계에서도 마찬가지로 적용됩니다. 앞의 차트에서 볼 수 있는 바와 같이 데드크로스 이후에 주가가 하락하고, 골든크로스 이후에 주가가 상승하는 것을 확인할 수 있습니다.

3 주가와 이동평균선과의 괴리가 지나치게 클 경우 주가는 이동평균으로 회귀하는 성향이 있습니다. 이동평균은 그 기업의 주가를 대표하는 가격으로 볼 수 있습니다. 그리고 가격은 평균으로 회귀하는 평균회귀 현상을 자주 보입니다. 특히 60일 이동평균선과 같은 중기이동평균선을 중심으로 주가가 움직이는 모습을 볼 수 있습니다. 즉, 주가가 60일 이동평균선에서 위쪽으로 많이 올라가면 다시 60일 이동평균선을 향해서 내려오고, 60일 이동평균선에서 아래쪽으로 많이 내려가면 다시 60일 이동평균선을 향해 올라오는 것입니다. 이렇듯 60일 이동평균선과 떨어진 거리를 '이격'이라고 하는데 이격이 커지면 주가는 좁히려는 움직임을 보입니다. 다음 화면에서 이를 확인할 수 있습니다.

앞의 차트에서 주가가 이동평균선에서 멀리 떨어진 이후 급하게 이동평균선 쪽으로 접근하는 모습을 볼 수 있습니다. 이것은 고무줄의 원리와 같습니다. 즉, 고무줄을 팽팽하게 당기면 원래의 상태로 돌아가려는 힘이 커지듯이 주가도 마찬가지로 움직인다는 점을 기억해야 합니다. 이격은 상방 또는 하방 모두 발생할 수 있다는 점도 기억하세요. 이러한 이격을 확인하기 위해서는 보조지표 중에서 '이격도'를 같이 보면서 확인하는 것이 좋습니다.

4 주가가 장기이동평균선을 돌파하는 경우 주추세가 반전될 가능성이 큽니다. 장기이동평균선은 일반적으로 120일 또는 200일 이동평균선을 말하는데, 특히 우리 주식시장에서는 120일 이동평균선을 경기선이라고 말할 정도로 중요한 이동평균선 중 하나로 보고 있습니다. 주가가 장기이동평균선을 상향돌파하는 경우에는 상승추세로 반전될 가능성이 크고, 반대로 하향돌파하는 경우에는 하락추세로 반전될 가능성이 크다고 볼 수 있습니다.

아래 화면에서 보는 바와 같이 주가가 120일 이동평균선을 각각 돌파하는 과정에서 추세가 반전되는 모습을 확인할 수 있습니다.

5 강세국면에서는 주가가 이동평균선 위에서 움직일 경우 상승세가 지속될 가능성이 높고, 약세국면에서는 주가가 이동평균선 아래에서 움직일 경우 하락세가 지속될 가능성이 높습니다. 이동평균선의 문제점은 이미 지나가버린 과거 주가를 평균하여 사용함으로써 생기는 후행성입니다. 이는 반대로 생각해 보면 이동평균선보다 주가의 정보가 현실을 더욱더 잘 반영한다는 의미입니다. 그러므로 주가가 상승하는 경우에 주가는 이동평균선 위에서 움직이게 되고 이런 상승추세에서는 주가가 지속적으로 상승할 가능성이 커지는 것입니다. 반대로 주가가 하락하는 경우에 주가가 이동평균선보다 더 빠르게 떨어지기 때문에 주가는 이동평균선보다 더 아래에 위치하게 되고 이런 약세장에서는 주가의 추가 하락이 예상됩니다.

이런 경우 중심 이동평균선은 20일 이동평균선을 이용해서 살펴보는 것이 바람직합니다. 다음 화면에서 이와 같은 현상을 확인할 수 있습니다.

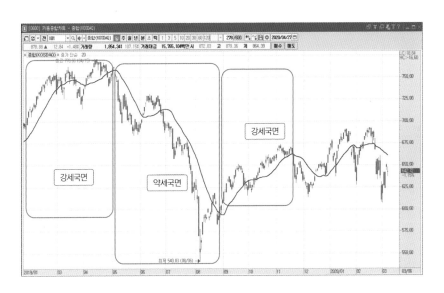

6 상승하고 있는 이동평균선을 주가가 하향돌파할 경우 추세는 조만간에 하락 반전할 가능성이 크고, 하락하고 있는 이동평균선을 주가가 상향돌파할 경우

추세는 조만간 상승 반전할 가능성이 큽니다.

일반적으로 추세의 반전은 주가의 변화에서 시작됩니다. 주가가 상승하는 이동평균선을 하향돌파한다든지 아니면 하락하고 있는 이동평균선을 상향돌파하는 것이 변화의 시작을 말해줍니다. 그러나 모든 경우 반드시 이 원칙이 적용되는 것은 아닙니다. 왜냐하면 일시적으로 상향돌파하거나 하향돌파하는 경우도 있기 때문입니다. 따라서 이때는 좀 더 명확한 증거를 찾기 위해서 상대적으로 중기 또는 장기의 이동평균선을 이용한 판단이 필요합니다. 단기이동평균선을 이용하는 경우 일시적인 반전이 나타나는 빈도가 많으므로 20일 또는 60일 이동평균선을 이용해서 판단하면 그러한 오류를 많이 줄일 수 있습니다. 다음 화면을 통해 이를 확인해봅시다.

05

이동평균선을 이용한 주가분석 방법

이동평균선으로
주가를 예측하라

이동평균선을 이용해서 주가를 분석하는 방법에는 이동평균선의 방향성을 이용한 방법, 이동평균선 간의 배열도를 이용한 방법, 이동평균선을 이용한 지지선과 저항선을 분석하는 방법, 이동평균선과 주가와의 이격도를 이용하는 방법, 크로스분석, 밀집도분석 등이 있습니다. 각각의 경우 어떤 점검 포인트가 있는지 하나씩 살펴보겠습니다.

이동평균선의 방향성을 이용하세요

단기 · 중기 · 장기이동평균선의 방향은 차례차례 순서대로 전환되기 때문에 각각의 이동평균선의 방향이 상승 중인지 하락 중인지 확인하는 방법으로 쉽게 추세를 판단할 수 있습니다. 시장이 하락추세에서 상승추세로 전환할 때는 주가 상승 반전 → 단기이동평균선 상승 반전 → 중기이동평균선 상승 반전 → 장기이동평균선 상승 반전의 과정을 거치고, 상승추세에서 하락추세로 전환할 때에도 이와 같은 순서로 하락 반전의 과정을 거치므로 이동평균선이 상승세에 있는지 하락세에 있는지를 판단하는 것이 중요합니다.

이동평균선 간의 배열도를 이용하세요

이동평균선의 배열도란 각각의 이동평균선들이 어떤 순서로 배열되어 있는가를 살펴보는 것입니다. 이때 정배열과 역배열로 나누는데, 정배열이란 위에서부터 주가 〉 단기이동평균선 〉 중기이동평균선 〉 장기이동평균선의 순서로 배열된 상태를 말합니다. 역배열이란 주가 〈 단기이동평균선 〈 중기이동평균선 〈 장기이동평균선의 순서로 배열된 상태를 말합니다. 정배열의 구조를 가진 종목은 전형적인 상승종목이며, 역배열의 구조를 가진 종목은 전형적인 하락종목입니다.

이동평균선을 이용해 지지선과 저항선을 분석하세요

이동평균가격은 앞서 살펴본 바와 같이 일정 기간 동안의 평균적인 매도 또는 매수의 가격입니다. 따라서 주가가 이 수준을 밑돌면 일정 기간 동안 매수한 투자자는 평균적으로 손해를 보게 되는데 이를 저지하려는 수준이 지지선입니다. 따라서 주가가 상승 중일 때는 단기·중기·장기이동평균선을 지지선으로 상승하며, 하락 반전할 때는 이 이동평균선들을 차례로 하향 이탈합니다.

지지선 분석과 반대로 주가보다 높은 이동평균선의 가격은 저항선으로 작용합니다. 즉, 이동평균선보다 주가가 낮은 수준에서 단기적으로 주가가 상승하여 이동평균선에 접근할 경우 평균적으로 손실을 보고 있던 투자자들이 본전을 찾기 위해 매도하게 됩니다. 따라서 주가가 하락할 때는 단기·중기·장기이동평균선이 차례로 저항선이 되어 하락과정을 이어가지만 만약 주가가 상승세로 돌아서면 이 이동평균선들을 아래에서 위로 차례로 돌파하면서 상승합니다.

다음 화면을 통해 이동평균선이 지지선과 저항선의 역할을 하는 모습을 확인할 수 있습니다. 이동평균선을 이용하는 경우 주가가 일시적으로 저항선과 지지선을 이탈하는 경우가 있습니다. 이런 경우 흔히 속임수에 빠질 수가 있으므로 이를 방지하기 위해 각각의 이동평균선들의 특성을 잘 살펴보아야 합니다.

이동평균선과 주가와의 이격도를 이용하세요

주가와 이동평균선의 떨어져 있는 정도를 이격도라고 합니다. 주가가 이동평균선을 중심으로 움직이는 현상, 즉 평균회귀 현상을 보이는 점을 감안해서 이동평균선에서 위쪽이나 아래쪽으로 지나치게 멀리 떨어져 있는 경우에는 이동평균선을 향해서 상승 또는 하락한다는 점을 매매에 적용할 수 있습니다.

크로스분석으로 추세를 예측하세요

크로스분석은 이동평균선을 이용하여 분석할 때 가장 대표적으로 사용되는 방법입니다. 크로스분석에는 앞서 살펴본 바와 같이 단기이동평균선이 장기이동평균선을 아래에서 위로 상향돌파하는 골든크로스와 단기이동평균선이 장기이동평균선을 위에서 아래로 하향돌파하는 데드크로스가 있습니다. 이때 골든크로스에서는 매수를, 데드크로스에서는 매도를 하게 되는데 어떤 이동평균선 간의 크로스분석이냐에 따라서 분석이 달라집니다. 일반적으로 5일선과 20일선 사이의 크로스분석을 단기크로스분석, 20일선과 60일선 사이의 크로스분석을 중기크로스분석, 그리고 60일선과 120일선 사이의 크로스분석을 장기크로스분석이라고 합니다. 분석가들이 가장 많이 사용하는 것은 20일선과 60일선 사이의 크로스분석입니다. 이는 달리 말하면 중기골든크로스가 발생하면 향후 주가가 상승추세로 반전되는 것으로, 반대로 중기데드크로스가 발생하면 향후 주가가 하락추세로 반전되는 것으로 판단한다는 것입니다.

아래 화면에서 살펴보는 바와 같이 골든크로스와 데드크로스는 추세의 반전을 암시하는 신호로 받아들일 수 있습니다. 하지만 일시적으로 골든크로스와 데드크로스가 반복되면서 속임수가 나타나는 구간이 있다는 점을 반드시 기억해야 합니다. 따라서 일단 크로스가 나타난 이후에도 주가를 지속적으로 관찰해나가면서 완전히 추세를 잡아나가는 것을 확인하는 노력이 필요합니다.

밀집과 확산을 이용해 밀집도를 분석하세요

이동평균선들은 한 곳으로 수렴하기도 하고 또 확산되기도 하는 등 수렴과 확산의 과정을 반복합니다. 이때 이동평균선의 수렴 또는 밀집현상이 나타나면 이는 반드시 주가가 현재의 상태에서 변화하리라는 것을 의미합니다.

그럼 어떤 경우에 이동평균선이 한 곳으로 수렴하게 될까요? 바로 주가가 별다른 변화 없이 같은 가격대에서 지속적으로 움직일 때 각각의 이동평균값이 비슷하게 수렴하게 됩니다.

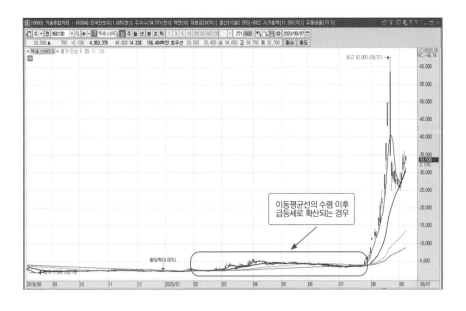

그런데 이런 수렴과정은 영원히 지속되지 않습니다. 반드시 위로든 아래로든 방향을 잡는데, 일반적으로는 수렴 이후 상승 쪽으로 방향을 잡아나가는 경우가 많습니다. 그러므로 수렴과정을 거치고 있는 이동평균선들의 모습을 유심히 관찰할 필요가 있습니다.

이동평균선의 수로 매매시점을 포착하세요

이동평균선을 통해 매매시점을 포착하는 방법으로 이동평균선의 수를 이용하는 방법이 있습니다. 여기에서는 각각의 방법을 정리해보도록 하겠습니다.

한 개의 이동평균선을 이용하는 방법 ┃ 한 개의 이동평균선을 이용하는 방법 가운데 가장 간단한 방법은 바로 주가와 이동평균선 간의 크로스를 이용하는 것입니다. 즉, 골든크로스가 나타나면 매수, 데드크로스가 나타나면 매도를 하는 것입니다. 이때 크로스가 발생하는 시점이 매매시점이라는 것을 잊어서는 안 됩니다.

두 개의 이동평균선을 이용하는 방법 ┃ 이동평균선을 이용해서 시장이나 주가를 분석할 때는 단기이동평균선의 경우 매매 타이밍을 포착할 때 사용하고, 중장기 이동평균선의 경우 주로 추세를 판단할 때 사용합니다. 즉, 단기이동평균일수록 주가의 변화에 민감하게 반응해서 속임수가 나타날 수 있다는 단점은 있지만 시세의 전환을 가장 빠르게 알려주는 반면, 중기 또는 장기이동평균선은 시세의 전환은 늦게 알려주지만 매일 나타나는 미세한 주가변동에 영향을 받지 않으므로 주가의 추세를 확인하는 데 유용하게 사용될 수 있습니다. 따라서 이 경우 5일선, 20일선의 단기크로스분석은 매매시점을 파악하는 데 사용하고, 20일선과 60일선의 중기크로스분석은 추세를 확인하는 도구로 사용할 수 있습니다.

세 개의 이동평균선을 이용하는 방법 ┃ 세 개의 이동평균선을 이용하는 방법은 각 이동평균의 기간에 따라 주가 움직임에 대한 반응이 달라진다는 데 착안한 것입니다. 즉, 단기이동평균선일수록 주가 움직임에 가장 빨리 그리고 주가와 가장 밀접하게 움직이고, 그다음은 중기이동평균선, 그리고 마지막으로 장기이동평균선 순으로 반응하게 된다는 것을 기억해야 합니다.

상승추세에서 세 개의 이동평균선을 이용한 매매전략

1 단기이동평균선이 중기·장기이동평균선을 차례로 상향돌파하는 골든크로스의 경우에는 매수신호로 판단합니다.

2 주가의 배열이 주가 〉 단기 〉 중기 〉 장기이동평균선의 정배열인 경우 강세국면으로 판단합니다.

3 정배열 상태가 일정 기간 이어진 이후 단기이동평균선이 더 이상 상승하지 못하고 주춤거리거나 약해지면 상승의 마무리 국면으로 판단합니다.

4 이동평균선들이 밀집되어 있는 경우는 앞으로 주가의 방향이 위로 갈 것인지 아니면 아래로 갈 것인지를 판단하기 어려우므로 매매를 자제합니다.

하락추세에서 세 개의 이동평균선을 이용한 매매전략

1 단기이동평균선이 중기·장기이동평균선을 차례로 하향돌파하는 데드크로스의 경우에는 매도신호로 판단합니다.

2 주가의 배열이 장기 〉 중기 〉 단기이동평균선의 역배열인 경우 약세국면으로 판단합니다.

3 역배열 상태가 일정 기간 이어진 이후 단기이동평균선이 더 이상 하락하지 못하고 주춤거리거나 상승세로 돌아서면 하락의 마무리 국면으로 판단합니다.

그랜빌의 법칙으로 매매신호를 찾으세요

미국의 주가분석사인 그랜빌J. E. Granville은 주가와 이동평균선을 이용하여 매수시점과 매도시점을 파악할 수 있는 여덟 가지의 투자전략을 제시하였는데 이를 '그랜빌의 법칙'이라고 합니다. 그랜빌의 법칙은 이동평균선과 매일의 주가 움직임을 이용하는 것입니다. 이때 이동평균선은 중장기이동평균선을 이용하면 더욱 유용합니다.

매수신호

1 이동평균선이 하락한 뒤 평행 또는 상승국면으로 진입할 때 주가가 이를 뚫고 위로 올라가는 경우로 이동평균선의 방향성을 이용한 것입니다.

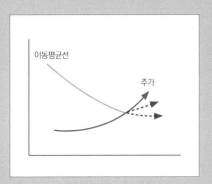

2 이동평균선이 상승하고 있을 때 주가가 이동평균선 아래로 하락하는 경우는 일시적인 하락을 말하는 것입니다.

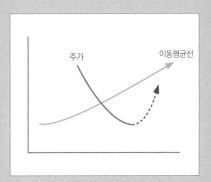

3 주가가 이동평균선 위에 있을 때 이동평균선을 향해 하락하다가 다시 상승하는 경우는 이동평균선이 지지선의 역할을 충실히 하고 있는 경우입니다.

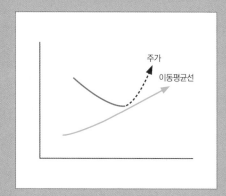

4 주가가 이동평균선 아래에서 급속히 하락하다가 이동평균선에 다가갈 때는 단기적인 이격도를 이용하는 것으로 단기매매 관점으로 접근해야 합니다.

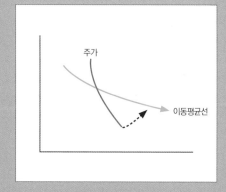

매도신호

1 이동평균선이 상승한 뒤 평행 또는 하락국면으로 전환될 때 주가가 이를 뚫고 아래로 내려가는 경우로 이동평균선의 방향성을 이용한 매매전략입니다.

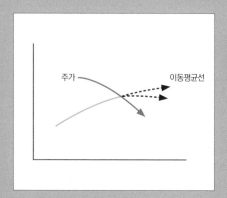

2 이동평균선이 계속 하락하고 있을 때 주가가 이를 뚫고 올라가면 주가가 일시적으로 상승하는 것으로 재차 하락을 예상합니다.

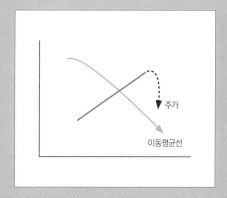

3 주가가 이동평균선의 아래에서 위를 향해 계속 상승하다가 뚫지 못하고 다시 하락하는 경우는 이동평균선이 저항선의 역할을 굳건히 하고 있는 경우입니다.

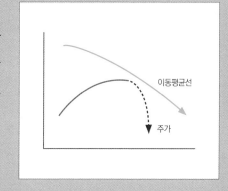

4 주가가 상승하고 있는 이동평균선을 넘어 급등하다가 다시 하락할 기미를 보이는 경우는 단기적인 이격도를 이용하는 것으로 단기매매 관점으로 접근해야 합니다.

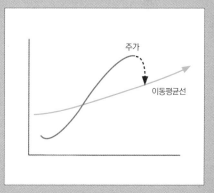

일광 씨의 Level UP 문제 풀이

　도호 씨는 삼성전자의 주가를 이동평균선을 이용해 설명했습니다. 일반적으로 이동평균선은 지지선과 저항선의 역할을 하는데, 삼성전자는 최근 이동평균선을 상향돌파했으므로 매수를 해봐도 좋다고 조언했습니다. 그러나 만약 삼성전자의 주가가 이동평균선을 상향돌파하지 못했다면 어떤 모습을 보였을까요? 한번 살펴보도록 하겠습니다.

　다음 차트에서와 같이 삼성전자의 주가는 이동평균선을 돌파한 이후 저항선이었던 이동평균선을 지지선으로 움직이지만, 혼조국면이 나타나기도 합니다. 그리고 이동평균선과 주가 사이의 이격이 커지면 이격조정이 나타나는 점도 기억해야 합니다.

그러나 주의해야 할 점이 있습니다. 이동평균선 위에서 주가가 움직일 때는 비교적 강한 움직임을 보이는 것이 사실이지만, 일정 구간에 있어서는 혼조, 즉 횡보세를 보이는 경우도 있다는 것을 기억해야 합니다.

응용문제 1

2007년 금융위기 이후 저금리를 지속하던 미국 연준이 금리를 올리기 시작한 지 1년 만에 코로나19 사태가 발생하여 다시 제로금리 상태로 돌아갔습니다. 은행의 실적은 예대마진의 크기에 따라 달라지는데요. 제로금리 정책은 예대마진을 축소시키는 것으로 은행실적에 악영향을 미치게 됩니다. 그런 사실을 알고 있는 민정 씨는 대표적인 은행주인 신한지주의 주가 움직임을 살펴보기로 했는데요. 다음과 같은 차트를 보면서 민정 씨는 어떤 주가 흐름을 예측했을까요?

Answer

지금 이동평균선을 보면 20일 이동평균선과 60일 이동평균선 사이에 골든크로스가 발생했습니다. 골든크로스의 발생은 주식시장에서 매수 신호로 받아들여집니다. 그러나 여기서 한 걸음 더 나아가 보면 하락하는 60일 이동평균선의 기울기가 너무 가팔라서 적극적인 매수는 어려울 것으로 보입니다. 이런 경우 주가가 어떻게 움직였는지 살펴보도록 하겠습니다.

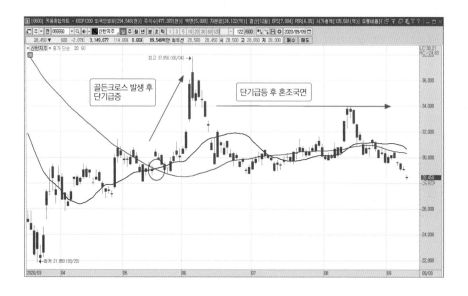

위에서 보는 바와 같이 골든크로스 발생은 매수신호임에 분명합니다. 그러나 이동평균선들 사이의 기울기도 향후 주가 움직임에 영향을 미친다는 것을 이해해야 합니다.

그렇다면 데드크로스가 발생했을 때는 어땠을까요? 데드크로스 발생 이후의 주가 움직임도 같은 종목을 이용해서 확인해보겠습니다. 다음 페이지 차트에서 보는 바와 같이 데드크로스 발생 이후 주가가 하락하는 모습을 보이게 됩니다.

따라서 골든크로스와 데드크로스는 단기적 또는 중기적으로 주가의 방향을 알려주는 매우 신뢰할 만한 신호입니다.

응용문제 2

우리 사회가 고령화시대에 진입했다는 뉴스를 본 민주 씨는 건강기능식 제품 등 제약바이오주들의 실적이 좋아질 것으로 예상합니다. 실적이 꾸준히 좋아진다면 주가도 꾸준히 오를 것이라고 판단했습니다. 하지만 아직 자신이 없었던 민주 씨는 건강기능식품 쪽으로 사업영역을 확장하고 있는 서흥의 주가를 보고 앞으로 강한 주가상승이 있을 것이라는 확신을 갖게 되었습니다. 과연 민주 씨는 무엇을 보고 향후 주가상승을 확신하게 되었을까요?

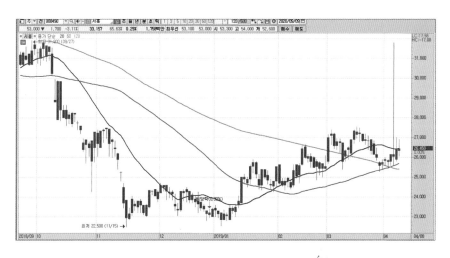

민주 씨가 서흥의 주가상승을 확신할 수 있었던 것은 바로 이동평균선의 배열 때문입니다. 서흥의 차트를 보면 20일 〉 60일 〉 120일 이동평균선이 정배열 상태에 들어간 것을 확인할 수 있는데요. 민주 씨는 일반적으로 이동평균선이 정배열 상태에 있으면 주가가 상승세를 보인다는 점을 적용했습니다. 서흥이 이동평균선을 정배열로 만들면서 어떤 움직임을 보였는지는 다음 두 차트를 보면 알 수 있습니다. 서흥의 차트를 보면 정배열 완성 후 상당 기간 상승세를 보였습니다.

이번에는 이동평균선이 역배열 상태가 되면 주가가 하락하는지를 확인해보겠습니다.

철강업체의 대표주인 POSCO는 이동평균선이 역배열 상태가 완성된 이후 주가가 꾸준히 하락하는 모습을 보이고 있습니다. 따라서 이동평균선의 배열도를 확인하면서 추세적인 상승과 하락에 대한 예상을 할 수 있다는 점을 배울 수 있습니다.

응용문제 3

다음 차트를 이용해서 추세선을 그려봅시다. 그리고 매수시점과 매도시점을 확

인하는 연습을 해보시기 바랍니다.

Answer

추세선을 그릴 때는 정확한 추세를 이해하는 것이 중요합니다. 일반적으로 추세선은 꼭짓점들을 많이 연결할 수 있어야 신뢰할 수 있는 선입니다. 그리고 매수시점과 매도시점에 대해 판단하려면 하락추세선을 상향돌파하는 시점에서 매수로, 상승추세선을 하향돌파하는 시점에서 매도로 판단하면 됩니다.

추세선을 그리는 것은 많은 연습이 필요합니다. 따라서 본문에서 학습한 여러 방법을 이용해 HTS에서 추세선을 그리는 노력을 게을리하지 마시기 바랍니다.

시장 패턴을
이용한 매매전략

주가가 변하는 전형적인 모습을 분석함으로써
주가의 흐름을 파악할 수 있습니다.

"

성공적인 분석을 위해 무엇이 필요할까요?

주가변동에는 전형적인 패턴들이 있습니다.

주가 흐름이 상승국면인지, 하락국면인지

전환시점을 포착하는 것이 패턴분석입니다.

"

일광 씨는 사람의 기대수명이 늘어나면서 헬스케어에 대해 관심이 많습니다. 질병은 치료도 중요하지만, 질병에 걸렸는지 먼저 진단해보는 것이 더욱 중요하다고 합니다. 일반적으로 진단키트는 한 번 채혈하면 하나의 병증만 진단이 가능한데, 씨젠은 다중진단이 가능합니다. 기술력이 좋다는 말이죠. 그래서 일광 씨는 진단키트 업계의 선두주자인 씨젠에 주목했고, 주가 차트를 보니 단기적으로 횡보세를 보이고 있었습니다.

위 차트를 보면 2019년 씨젠의 주가는 단기적으로 등락을 거듭하는 모습을 확인할 수 있습니다. 씨젠의 주가는 상단 3만 원 하단 2만 원의 박스권을 기록하면서 움직이고 있어 재미없는 주가 흐름을 보이고 있지만, 2019년 가을 들어 중국에서 코로나 바이러스가 창궐했다는 소식이 들리면서 진단 업체들의 역할이 부각되면 주가상승이 가능할 것으로 판단했습니다.

씨젠에 대한 매수를 고민하던 일광 씨는 씨젠의 주가가 추가적으로 상승할 것이란 생각에 이 주식을 사기로 마음먹었습니다. 과연 씨젠의 주가는 이후 어떻게 전개될까요?

01

패턴분석

주식시장의 패턴을
활용하라

차트분석을 기초로 하는 기술적 분석은 과거의 주가와 거래량을 연구하는 것입니다. 특히 기술적 분석의 가정 가운데 하나가 '주가는 스스로 그 패턴을 반복하는 성질을 가지고 있다'입니다. 즉, 과거에 주가가 상승한 경우가 있다면 주가가 상승하기 전에 어떤 움직임이 있었는지 그리고 주가가 하락한 경우가 있다면 하락하기 전에 어떤 움직임이 있었는지를 면밀히 조사분석해서 그것을 정리해놓으면 앞으로 그와 비슷한 패턴의 주가 움직임이 있을 경우 과거 패턴을 바탕으로 향후 주가의 방향을 예측할 수 있다는 것입니다. 이것이 바로 패턴분석입니다.

따라서 패턴분석을 통해 주가가 변동하기 이전의 주가 흐름을 정형화해서 확률적으로 발생 가능성이 높은 주가 흐름을 예측할 수 있습니다.

패턴의 반전과 지속을 확인하세요

패턴분석에는 특정 패턴이 완성된 이후 주가의 흐름이 이전의 추세와 반대로 움직이는 반전형 패턴과 특정 패턴이 완성된 이후 주가의 흐름이 이전의 추세와 같은 방향으로 움직이는 지속형 패턴이 있습니다.

반전형 패턴 | 주가가 상승추세에 있다가 패턴이 완성되고 나면 하락추세로 전환된다든지, 반대로 주가가 하락추세에 있다가 패턴이 완성되고 나면 상승추세로 전환되는 것을 말합니다.

지속형 패턴 | 상승추세에 있던 주가가 잠시 쉬는 동안 상승지속형 패턴을 만들고 패턴이 완성되고 난 이후 계속해서 상승추세를 이어가는 것을 말합니다. 반대로 하락추세에 있던 주가가 잠시 쉬는 동안에 하락지속형 패턴을 만들고 패턴이 완성된 이후에는 하락추세를 이어가는 것을 말합니다.

주가 움직임 속에서 이러한 패턴을 확인하는 것은 향후 주가의 향방을 가늠할 수 있는 중요한 잣대가 될 수 있습니다. 이 때문에 시장에서 주가의 움직임이 어떤 패턴을 만들어가고 있는지를 항상 눈여겨보아야 합니다.

패턴분석의 한계

패턴분석은 많은 투자자가 매매시점을 판단하는 근거로 사용합니다. 하지만 패턴분석의 단점은 과거의 패턴이 앞으로도 똑같이 되풀이되지 않는 경우가 많다는 것입니다. 따라서 패턴분석은 독자적인 분석 방법으로 사용하기보다 거래량 분석과 동시에 해야 더욱 유용합니다. 즉, 미래의 주가 움직임을 예측할 때는 기본적인 봉차트, 추세선, 이동평균선 등을 우선적으로 보고 패턴은 참고로 보는 것이 좋습니다. 여기에 보조지표를 함께 보면 신뢰도를 더욱더 높일 수 있습니다.

02

주가 움직임과 반대로 전환되는 반전형 패턴

반전형 패턴으로
매매전략을 수립하라

반전형 패턴은 앞서 살펴본 바와 같이 이전의 주가 움직임과는 반대방향으로 전환되는 주가 패턴을 말합니다. 삼중천정형과 삼중바닥형의 헤드앤숄더 패턴, 이중천정형과 이중바닥형의 이중형 패턴, 원형천정형과 원형바닥형의 원형 패턴, 주가가 발산되는 모양의 확대형 패턴, 급격한 등락이 나타나는 V자형 패턴, 그리고 주가가 횡보하는 선행 패턴 등이 있습니다.

헤드앤숄더형 패턴

먼저 헤드앤숄더 패턴인 삼중천정형은 대표적인 반전형 패턴으로 이 패턴이 완성되고 나면 주가가 상승추세에서 하락추세로 전환됩니다. 말 그대로 머리와 왼쪽, 오른쪽 어깨로 구성됩니다. 이 패턴은 상승과 하락이 세 번씩 반복해서 일어나며 가운데 봉우리를 머리, 왼쪽 봉우리를 왼쪽 어깨, 오른쪽 봉우리를 오른쪽 어깨라 합니다. 삼중천정형이 형성되는 과정에서 나타나는 특징이 있습니다. 먼저 왼쪽 어깨는 주가가 주추세선을 따라 큰 폭으로 상승하는 동시에 거래량이 크게 증가해서 세 개의 봉우리 가운데 가장 많은 거래가 수반되는 것이 특징입니다.

머리 부분은 두 번째 상승으로 왼쪽 어깨보다 높게 형성되지만 일반적으로 하락할 때는 왼쪽 어깨의 바닥 수준까지 하락합니다. 거래량은 많이 형성되지만 왼쪽 어깨보다 많지 않은 것이 특징입니다.

오른쪽 어깨는 세 번째 상승으로 머리의 정상까지 올라가지 못하고 하락폭의 1/2, 또는 2/3 정도까지 오른 뒤 다시 하락합니다. 왼쪽 어깨와 머리 부분과는 달리 상승과정에서 거래량이 현저하게 줄어드는 것이 특징입니다. 거래량이 줄어든다는 것은 주가 움직임의 힘이 줄어든다는 것을 의미합니다.

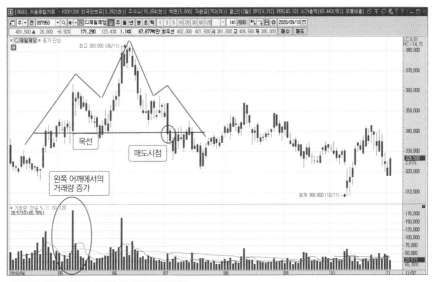

매도시점: 오른쪽 어깨가 목선을 하향돌파할 때입니다.

역헤드앤숄더 패턴인 삼중바닥형은 삼중천정형을 뒤집어놓은 모양입니다. 이 패턴은 주가가 하락추세에서 상승추세로 반전할 경우 나타납니다. 거래량은 삼중천정형과 달리 왼쪽 어깨, 머리, 오른쪽 어깨 순으로 증가하는 것이 특징입니다. 즉, 오른쪽 어깨 부분에서 가장 많은 거래량이 발생합니다. 왜냐하면 삼중바닥형에서 목선은 중요한 저항선 역할을 하는데 그 저항선을 뚫고 올라가기 위해서는 많은 거래량이 수반되어야 진정한 의미를 갖기 때문입니다.

매수시점: 오른쪽 어깨가 목선을 상향돌파할 때입니다.

이중형 패턴

먼저 이중천정형은 봉우리 두 개가 형성되는 패턴입니다.

매도시점: 첫 번째 봉우리의 저점을 하향돌파할 때 매도합니다.

194

일반적으로 첫 번째 고점이 두 번째 고점에 비해 높고 거래량도 더 많이 형성됩니다. 첫 번째 봉우리의 저점을 하향돌파할 때 매도하면 되고, 첫 번째 봉우리의 길이만큼 하락목표치가 생기게 됩니다. 이중천정형을 확인하기 위해서는 일반적으로 두 개의 봉우리를 형성하는 데 1개월 이상의 장기간이 소요된 것일수록 또는 주가 움직임의 진폭이 클수록 신뢰도가 높다고 평가합니다.

이중천정형을 뒤집어놓은 이중바닥형은 두 번째 바닥이 첫 번째 바닥에 비해 더 높으며 기울기는 더 완만합니다. 거래량은 두 번째 바닥에서 반등할 때 월등히 많아지는데 이 또한 저항선을 뚫고 상승하기 위해 반드시 필요한 조건입니다.

매수시점: 첫 번째 봉우리의 고점을 상향돌파할 때 매수합니다.

이중바닥형은 첫 번째 봉우리는 날카롭게 형성되지만 두 번째 봉우리는 상대적으로 완만하게 형성되어 시장에서는 흔히 '짝궁둥이 패턴'이라고도 불립니다. 첫 번째 봉우리의 고점을 상향돌파할 때 매수하면 되고, 첫 번째 봉우리의 길이만큼 추가 상승의 목표치가 생기게 됩니다.

원형 패턴

원형바닥형은 접시 모양을 하고 있는 패턴입니다. 거래량의 움직임이 주가의 모양과 비슷하게 원형바닥을 이룬다는 게 특징입니다. 원형천정형은 원형바닥형을 뒤집어놓은 모양으로 생각하면 됩니다.

　원형 패턴은 확인이 쉬우며, 주가 이동방향과 추세 전환시점을 서서히 그리고 정확하게 가르쳐줍니다. 따라서 매매전략을 수립하는 데 충분한 시간적 여유를 준다는 장점이 있습니다. 하지만 선도주처럼 탄력적으로 움직이는 종목에서는 좀처럼 나타나지 않는 패턴입니다. 원형 패턴은 완성되는 시간이 길다 보니 가장 신뢰할 만한 패턴으로 평가받고 있습니다.

▽ 원형바닥형

확대형 패턴

확대형은 좁은 폭으로 움직이던 주가의 등락폭이 점점 확대되는 패턴을 말합니다. 즉, 주가의 고점은 더 높아지고 저점은 더 낮아지는 모습을 보입니다.

이는 주가 변동이 발산하는 형태를 보인다는 뜻인데요. 대체로 투자심리가 불안해질수록 그 변동폭이 커집니다.

확대형이 진행되는 과정에서 주가의 변동폭뿐 아니라 거래량도 증가하는데 이는 투자자들의 심리가 매우 불안한 상태를 보여주는 것입니다. 일반적으로 확대형은 거래량이 활발하면서 주로 시장이 상승추세를 보이고 있을 때 나타나는 경향이 높기 때문에 상승추세의 말기적 현상으로 이해하면 됩니다. 따라서 확대형이 나타난 이후에는 대부분 주가가 큰 폭으로 하락합니다.

매도시점: 확대형 증세가 나타나면 주가가 큰 폭으로 하락하므로 매도합니다.

V자형 패턴

V자형은 상승 혹은 하락의 급격한 모멘텀 변화에 의해 발생하여 강세장과 약세장에서 아무런 예고도 없이 급격하게 추세의 전환이 나타납니다. 이 패턴은 너무 급하게 나타나기 때문에 시간이 흐른 뒤에 확인되는 경향이 있습니다.

V자바닥형은 올라갈 때의 기울기가 좀 더 완만하고 V자천정형은 떨어질 때의 기울기가 더 가파르다는 특징이 있습니다.

왜냐하면 떨어질 때는 급하게 떨어지고 반대로 올라갈 때는 매물을 소화하느라 상대적으로 힘에 부치기 때문입니다.

▼ V자천정형

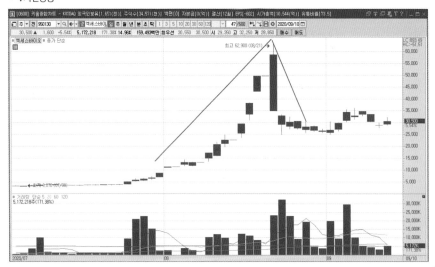

▼ V자바닥형

이전의 추세를 이어가는 지속형 패턴

지속형 패턴으로 매매전략을 수립하라

지속형 패턴은 패턴이 완성된 이후 이전의 추세를 계속해서 이어가는 패턴입니다. 즉, 상승하던 주가가 지속형 패턴이 완성되고 나면 재차 상승하고, 하락하던 주가가 지속형 패턴이 완성되고 나면 재차 하락하는 모습을 보이는 것입니다.

지속형 패턴에는 상승삼각형, 하락삼각형, 대칭삼각형의 삼각형 패턴, 단기간에 주가의 급등락 이후 나타나는 깃발형과 페넌트형 패턴, 저항선과 지지선이 한 곳으로 모이는 쐐기형 패턴, 일정한 변동을 보이다가 모형을 돌파하는 직사각형 패턴, 확산형과 삼각형의 결합된 형태인 다이아몬드형 패턴 등이 있습니다.

삼각형 패턴

삼각형은 차트상에서 가장 빈번하게 나타나는 지속형 패턴 가운데 하나입니다. 삼각형은 반복적인 등락을 하는 동안 점점 그 등락폭이 줄어들어 전체적인 주가의 움직임이 삼각형 모양을 이루게 됩니다. 즉, 주가의 변동성이 점차 줄어들어 하나의 꼭짓점으로 수렴하는 모습을 보이는 패턴으로 시장에서는 주가가 에너지를 축적하는 과정으로 보고 있습니다.

삼각형에서 고점들을 이은 추세선은 저항선, 저점들을 이은 추세선은 지지선
으로서의 역할을 하게 되는데 결국 마지막에는 내려오는 저항선과 올라가는 지
지선이 하나의 점에서 만나게 됩니다.

삼각형 패턴에는 대칭삼각형, 상승삼각형, 하락삼각형이 있습니다. 실제 차트
를 통해 하나씩 살펴봅시다.

대칭삼각형은 매도세와 매수세가 균형을 이루어 고점들은 낮아지고 저점들은 높
아지지만 종국에는 기존의 추세와 같은 방향으로 진행되는 추세지속형 패턴입니다.

▼ 대칭삼각형

상승삼각형은 고점의 저항에 직면하지만 저점을 높이면서 매수세가 강화되는
패턴입니다. 주가가 상승하는 도중에 자주 나타나기 때문에 향후 주가의 계속적
인 상승을 예고하는 신호로 받아들입니다. 상승삼각형이 확인되면 이전 상승분
만큼 추가 상승이 예상됩니다.

▼ 상승삼각형

하락삼각형은 저점이 지지선을 형성하지만 고점들은 낮아지면서 매도세가 강화되는 패턴입니다. 주가하락을 예고하는 신호로 받아들입니다. 하락삼각형이 확인되면 이전 하락분의 길이만큼 추가 하락이 예상됩니다.

▼ 하락삼각형

깃발형과 페넌트형 패턴

깃발형Flag Pattern과 페넌트형Pennant Pattern은 주가가 급등락을 한 이후 주가의 움직임이 일시적으로 이전과 반대방향으로 움직이면서 잠시 횡보하는 국면에서 나타나는 패턴입니다. 즉, 주가가 수직에 가깝게 급등한 이후 살짝 조정을 받는다든지, 주가가 수직에 가깝게 떨어지다가 잠시 반등을 하는 국면에서 나타납니다. 이들 패턴은 수직에 가까운 깃대가 나타나고 중간에 깃발이 나부끼는 모양을 하고 있습니다. 앞으로 주가의 예상 목표치는 이전의 깃대 길이만큼 더 움직일 것으로 예상할 수 있습니다. 깃발형과 페넌트형에는 상승형과 하락형이 있습니다.

상승형은 수직에 가까운 상승 이후에 잠시 반락이 나타나는 것으로 패턴이 완성된 이후에는 재차 상승할 것으로 예상됩니다. 하락형은 수직에 가까운 하락 이후 잠시 반등이 나타나는 것으로, 패턴이 완성된 이후 재차 하락할 것으로 예상됩니다.

▽ 상승형

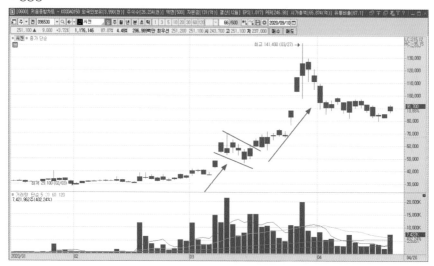

쐐기형 패턴

쐐기형은 고점을 연결하는 저항선과 저점을 연결하는 지지선이 서로 평행하지 않고 두 선이 점점 좁아져 한곳으로 모이는 형태를 나타냅니다. 자칫 삼각형 모형과 혼동할 수 있는데 쐐기형과 삼각형은 차이가 있습니다. 먼저 대칭삼각형의 경우 두 추세선의 방향이 서로 다르고 상승삼각형이나 하락삼각형의 경우는 어느 한쪽의 추세선이 거의 수평을 이룹니다. 하지만 쐐기형은 깃발형과 같이 아래 위의 두 추세선이 모두 같은 방향을 향하고 있다는 것입니다. 쐐기형은 상승쐐기형과 하락쐐기형으로 구분됩니다.

하락쐐기형은 상승추세 이후 조정과정에서 쐐기형이 만들어지고 나서 재차 상승하는 상승지속 패턴입니다. 급상승에 대한 경계심리, 이익실현, 저가매수 등으로 저항선의 기울기가 지지선의 기울기보다 더 급하게 하락하며 이 패턴이 완성된 이후에는 계속 상승하게 됩니다.

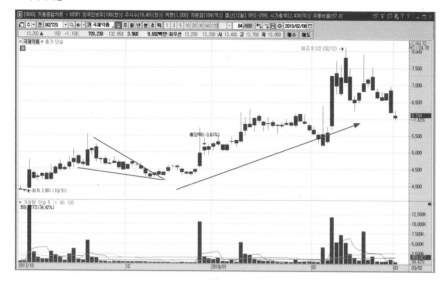

상승쐐기형은 하락추세 이후 반등 과정에서 쐐기형이 만들어지고 나서 재차 하락하는 하락지속 패턴입니다.

▼ 상승쐐기형

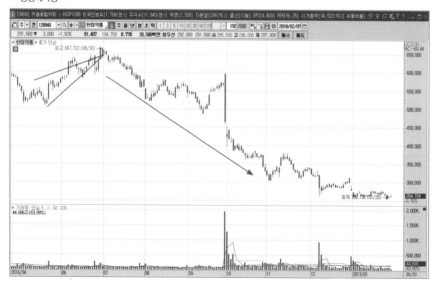

거래량의 경우 일반적으로 쐐기형의 진행 도중에는 감소하는 경향이 있으며, 패턴이 완성된 이후 추세선 돌파시점에 다시 거래량이 증가하는 경향이 있습니다.

직사각형 패턴

직사각형은 매도세력과 매수세력이 서로 균형을 이루고 있으나 거래가 활발하지 못한 경우에 나타납니다. 수 주일에서 수개월에 걸친 장기간 동안 매수와 매도 두 세력이 서로 균형을 이루면서 횡보하는 모양으로, 위쪽과 아래쪽의 저항선과 지지선이 수평으로 평행선을 이루고 있습니다.

직사각형은 지속형 패턴으로 거의 모든 경우에 기존 추세가 그대로 유지됩니다. 주가의 위쪽 수평선은 강력한 저항선으로, 아래쪽 수평선은 강력한 지지선으로 작용하며 주가가 뚜렷한 방향을 찾지 못하고 소폭의 등락만을 거듭하면서 거래량이 감소하는 형태를 보입니다. 직사각형은 박스권 움직임이라고도 합니다. 저항선에 접근 시 매도, 지지선에 접근 시 매수하는 전략을 세우는 것이 좋으며, 저항선을 상향돌파하거나 지지선을 하향돌파하는 경우 추세매매를 시도하면 됩니다.

다이아몬드형 패턴

다이아몬드형은 확대형과 대칭삼각형이 서로 합쳐진 모양으로, 주가의 큰 변동이 있고 난 후 많이 나타나는 패턴입니다. 다이아몬드형이 형성되는 동안 주식시장은 과열된 상황에서 점차 안정되는 과정이 나타납니다.

　다이아몬드형은 패턴이 형성되는 초기에는 거래량이 크게 증가하지만 점차 주가가 수렴하면서 거래량도 감소합니다. 이는 불안정한 투자심리가 점차 안정되면서 이전의 추세방향과 같은 방향으로 주가가 지속되는 것입니다.

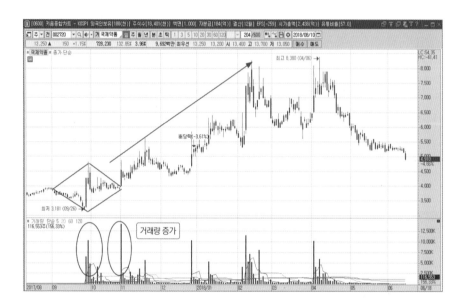

HTS에서 자동 패턴 검색하기

HTS에서는 차트의 패턴을 자동으로 살펴볼 수 있는 기능이 있습니다. 각각의 정형화된 패턴을 자동으로 그려주는 기능으로 다음과 같이 설정할 수 있습니다. 다음 페이지 화면의 오른쪽 차트툴바에 표시된 버튼을 누르면 차트에서 보이는 바와 같이 패턴을 자동으로 알려줍니다.

다만, 이 기능의 단점은 현재 주가가 진행 중일 때는 그 패턴을 표시해주지 못한다는 것입니다. 따라서 과거의 패턴을 이용해서 미래를 예측하는 참고자료로만 사용해야 합니다.

씨젠의 최근 차트를 보면 주가가 단기적으로 하락한 이후 일시적으로 횡보하는 모습을 확인할 수 있습니다. 이런 경우 횡보하던 평행추세를 강하게 뚫고 올라가야 합니다.

차트를 살펴봅시다. 동그라미 친 부분에서 거래량이 급증하면서 주가가 크게 뛰어오르는 모습을 보이고 있습니다. 단기적으로 횡보세를 보이던 주가가 거래량이 늘면서 상승하는 것은 단기적이든 중장기적이든 상승 시도를 한다고 봐도 무방합니다.

그렇다면 실제로 씨젠의 주가는 거래량 급증 이후 상승세를 보였을까요?

그 이후의 주가 움직임을 살펴봅시다.

씨젠의 주가는 거래량이 급증하면서 평행추세를 강하게 상향돌파하는 모습을 보였습니다. 이런 경우 단기적으로 주가 조정을 마무리하고 상승세를 타는 경우가 많습니다. 실제로 씨젠의 주가는 3개월 정도의 횡보세를 마무리하고 상승하는 모습을 보였습니다.

이 사례를 통해서 다시 확인할 수 있는 것은 주가가 상승 시도를 할 때는 거래량이 늘어야 한다는 점입니다. 반드시 기억하시기 바랍니다.

응용문제 1

쾌남 씨는 나이가 들면서 피부미용에 관심이 많아졌습니다. 특히 얼굴 미간에 주름이 있는 것이 다른 사람들에게 좋은 인상을 주지 못한다는 생각에 주름개선을 위한 보톡스에 관심을 가졌습니다. 보톡스는 피부주름을 개선하는 것은 물론이고 턱관절이 아픈

환자들의 통증을 줄여주는 데도 많은 기여를 한다는 사실을 알게 되었습니다. 고령화시대에 미용뿐 아니라 치료제로도 큰 가능성을 보여주는 보톡스를 만드는 회사인 메디톡스에 투자하기로 마음먹었습니다.

HTS에서 메디톡스의 차트를 검색하던 중 메디톡스의 주가 움직임에서 절묘한 매수 타이밍이 왔다는 것을 알아챘습니다. 그래서 적극매수에 나섰습니다. 과연 쾌남 씨는 어떤 패턴을 찾았기에 과감하게 매수를 한 것일까요?

Answer

쾌남 씨가 매수를 결심한 패턴은 바로 단기적으로 삼각수렴한 이후 주가가 삼각형 모형을 벗어나 상승하는 모습입니다. 차트를 통해서 확인해보겠습니다.

삼각수렴형은 단기적으로 주가상승 또는 하락을 위한 에너지를 모으는 기간으로 판단합니다. 그런데 차트에서와 같이 삼각형 패턴을 이탈하는 모습을 보이는 경우가 바로 매수 타이밍이 됩니다. 그렇다면 실제로 주가가 상승했는지 확인해 보겠습니다.

이처럼 삼각형 패턴을 이탈한 이후 주가는 우상향의 상승세를 보였습니다. 이렇게 주가가 특정 모형을 돌파하는 것은 중요한 매매신호가 됩니다. 여기에 거래량이 증가하는 모습을 보인다면 투자자들은 더 쉽게 매수 타이밍을 찾을 수 있을 것입니다.

응용문제 2

석우 씨는 중국경제에 관심이 많습니다. 한류 열풍으로 우리나라 제품의 수요가 매우 많고, 실제로 최대 수출국이기도 하죠. 그런데 정치적인 이슈로 인해 중국과의 관계가 소원해졌습니다. 석우 씨는 대표적인 화장품회사인 아모레퍼시픽의 주가를 살펴보고 있었는데, 중국사람이 애용하는 화장품의 매출이 감소할 것이 우려되었습니다.

차트를 살펴보니 우려가 현실이 되는 듯합니다. 아모레퍼시픽의 주가가 고점을 형성한 후 계단식 하락을 보인 것입니다. 다음 차트를 통해 아모레퍼시픽의 주가가 하락세를 멈추고 상승할 것인지 아니면 하락세를 지속할 것인지 알 수 있을까요?

Answer

아모레퍼시픽의 주가는 전형적인 이중천정형의 모습을 보이고 있습니다. 특히 왼쪽 봉우리보다 오른쪽 봉우리의 고점이 낮아지고 있고 또한 목선을 하향 이탈하려는 모습을 보이고 있습니다. 이런 경우 낙폭이 커질 가능성이 있습니다. 그렇다면 실제로 주가는 어떻게 움직였는지 확인해보겠습니다.

이후 아모레퍼시픽의 주가는 이중천정형을 완성하고 목선을 하향 이탈한 후 지속적으로 하락하는 모습을 보였습니다. 고점에서 나타나는 이중천정형과 같은 모형은 주의 깊게 살펴봐야 하는 패턴입니다.

응용문제 3

평소 자동차에 관심이 많은 창훈 씨는 미래 자동차시장은 전기차가 주도할 것이
며, 만약 전기차가 주축이 된다면 우리나라도 전기차시장에 도전할 것으로 판단

했습니다. 그래서 우리나라 전기차관련주인 LS산전의 차트를 살펴보게 되었습니다. 그런데 LS산전의 주가가 단기적으로 급등했습니다. 그럼에도 창훈 씨는 지금이 매수적기라는 생각을 했습니다. 창훈 씨는 무엇을 보고 그런 생각을 하게 된 걸까요?

Answer

차트를 살펴보면 LS산전은 단기급등하긴 했지만 이후 추가상승을 하기 위해 잠시 쉬어가는 패턴인 상승깃발형을 완성해가고 있는 모습입니다. 상승깃발형은 원래 주가가 단기급등한 이후에 나타나는 것으로 지속형 패턴에 속해 있습니다. 즉, 모형이 완성되고 나면 상승하던 주가는 상승하던 방향으로 전진하게 됩니다. 만약 주가가 급락한 이후 하락깃발형이 나타난다면 주가가 하락하던 방향으로 계속 하락해갈 수도 있는 것입니다.

그렇다면 실제로 상승깃발형이 완성된 이후 LS산전의 주가가 어떻게 움직였는지 확인해보겠습니다.

LS산전의 주가는 상승깃발형을 완성한 이후 상승하던 방향으로 지속적으로 상승하는 모습을 보였습니다.

그리고 다시 한번 확인해야 하는 것은 바로 거래량입니다. 주가가 모형을 완성하고 다시 상승할 때는 평소보다는 많은 거래량이 있어야 신뢰도가 높아진다는 사실은 강조를 거듭해도 모자람이 없을 것입니다.

차트를 볼 때 패턴분석은 많은 연습을 해야 실패를 줄일 수 있습니다. 따라서 차트를 많이 보고 또 검증해가면서 패턴분석의 실력을 향상시켜보시기 바랍니다.

05

보조지표로
매매시점을 포착하라

주식시장의 리스크를 줄이는 객관적 지표인
보조지표에 대해 알아봅니다.

"

보조지표, 알면 알수록 복잡하다고요?

주식시장에서 리스크를 줄이려면

주가의 추세 강도를 객관적으로 정리한

지표가 반드시 필요합니다.

여기서는 그 가운데 중요한

보조지표에 대해 알아보겠습니다.

"

일광 씨는 재택근무가 늘어나면서 집에서 지내는 시간이 많아졌습니다. 집에 오랜 시간 있다 보니 TV를 시청하는 시간도 늘어난 것이 사실입니다. 그래서 TV를 하나 새로 장만하기로 하고 시장조사를 했습니다. 최근 LG전자에서 OLED 패널을 채용한 신제품 TV들이 나오고 있는데요. 조금 비싸긴 해도 언론에서도 품평이 좋은 신제품으로 사기로 했습니다. 그리고 자연히 LG전자 주가에도 관심이 생겼습니다.

LG, 48인치 OLED 흥행… '시장 확대─수익성' 모두 잡았다

LG전자가 '틈새시장' 공략을 위해 출시한 48인치 OLED TV가 선전하면서 LG전자는 물론 패널을 공급하는 계열사 LG디스플레이도 호재를 맞았다.

11일 업계에 따르면 올 2분기 48인치 OLED TV 출하량은 1만 대에 육박한 것으로 나타났다. 이 제품은 지난 6월 출시된 만큼 사실상 한 달여 만에 이 같은 출하량을 기록한 셈이다. 이 기간 동안 40인치대 OLED TV를 제조한 곳은 LG전자뿐이다.

대형 인치로 흘러가는 추세에 역행하는 48인치 OLED TV는 올 초 CES 2020에서 LG전자가 세계 최초로 선보인 제품으로, 당시에도 해외 매체들로부터 뜨거운 찬사를 받았다.

(뉴데일리경제 2020. 09. 11)

그런데 차트를 보니 이 주식을 지금 사도 되는지 판단이 서질 않았습니다. 그래서 차트분석의 고수인 도호 씨에게 물어보니 단기적으로라도 매수해도 좋다는 조언을 받았습니다. 도호 씨는 무엇을 보고 매수를 권했을까요?

01

보조지표의 구성

다양한 보조지표를
200% 활용하라

기술적 분석에서 가장 중요한 자료는 주가와 거래량 자료입니다. 그래서 그래프의 일봉, 주봉, 월봉과 각각의 거래량을 보면서 주식시장을 예측하는 것입니다. 그러나 시장에서는 매매를 하다 보면 속임수가 나온다든지 아니면 정확한 예측을 하기 어려운 경우가 발생합니다.

따라서 주가차트에 더해서 보조적으로 평가할 수 있는 지표들이 필요한 경우가 많습니다. 현재 HTS상에서 제공되고 있는 각종 보조지표에는 앞의 화면에서 보는 바와 같이 추세지표, 변동성지표, 모멘텀지표, 시장강도지표, 가격지표, 거래량지표 등의 범주가 있고 그 안에 들어가면 대단히 많은 지표가 있습니다.

보조지표의 기본 원칙을 이해하세요

처음 HTS를 접하는 초보자들은 수많은 지표를 어떻게 이해하고 매매에 적용할 것인지를 두고 많은 고민을 하게 됩니다. 그러나 알고 보면 각 지표들을 사용하는 방법에는 간단한 원칙이 있습니다. 그 원칙들만 익히면 각 지표들이 만들어지는 원리에 따라서 기계적으로 적용시킬 수 있습니다.

1 '0'선을 기준으로 합니다.

지표를 만들 때 (−)값과 (+)값이 교차로 나타나는데, 이때 '0'선을 기준으로 (−) → (0) → (+)로 움직이는 경우에는 '0'에서 매수합니다. 반대로 (+) → (0) → (−)로 움직이면 '0'에서 매도합니다.

2 일정한 범위를 만들어서 분석합니다.

지표들의 값이 0에서부터 100까지의 값을 갖도록 강제로 조정하는 경우가 많습니다. 이때는 75 이상에서는 과열상태로 보고 매도를, 25 이하에서는 침체상태로 보고 매수를 합니다. 그러나 만약 0에서 100까지의 값이 아니고 일정한 주가범위가 정해지면 상한선에서 매도를, 하한선에서 매수를 합니다.

3 크로스분석을 합니다.

크로스분석으로 단기선과 장기선을 만들어서 단기선이 장기선을 아래에서 위로 상향돌파하는 경우 골든크로스로 판단해서 매수합니다. 반대로 위에서 아래로 하향돌파하는 경우 데드크로스로 판단해서 매도합니다.

수많은 기술적 지표가 있지만 대체로 이러한 기준으로 판단하면 틀림이 없다고 보면 됩니다. 이를 확인하기 위해서 이제부터 각각의 해석 방법에 따라 그에 해당되는 기술적 지표의 작성 방법, 그리고 실제 해석 방법을 같이 설명해보겠습니다. 특히 기준선을 이용하거나 일정한 범위를 설정해서 만든 기술적 지표의 경우 이동평균선을 만들어 크로스분석이 동시에 가능하도록 만든 지표들이 있으므로 크게 기준선 설정과 범위 설정의 방법을 중심으로 살펴봅시다.

HTS에서 지표 이해하기

HTS상에서 각각의 지표들이 어떻게 구성되어 있는지, 그리고 그 지표들을 이용해서 어떤 해석을 해야 하는지를 알아볼 수 있는 방법이 있습니다.

❶ 차트에서 기술적 지표를 선택합니다.

❷ 선택된 기술적 지표에 마우스를 대고 더블클릭 합니다.

❸ 다음과 같은 화면이 나타나면 [설명] 탭을 누릅니다.

이렇게 지표에 대한 설명을 보고 기술적 지표를 자유롭게 사용한다면 지표를 조정해가면서 살펴볼 수 있습니다.

02

기준선을 이용한 지표로 매매시점 포착

기준선을 이용하여
타이밍을 포착하라

기준선을 이용한 지표로 매매시점을 포착하세요

CCI – 추세지표

CCICommodity Channel Index는 주가 평균과 현재의 주가 사이의 편차를 측정하여 주가가 일정 기간의 평균값에서 얼마나 차이가 나는지를 알아보는 지표입니다. 이 값이 높게 나오면 현재의 주가 수준이 주가 평균과 비교하여 높다는 것을 의미하고, 낮게 나오면 현재의 주가 수준이 주가 평균과 비교하여 낮다는 것을 의미합니다. 즉, 주가의 현재가가 적정가인지를 판단하는 데 유용한 지표입니다.

　일반적으로 +100(과매수)과 −100(과매도) 사이에서 진동하게 되는데 0선을 기준으로 CCI가 상향돌파하면 매수신호로 보고 하향돌파하면 매도신호로 봅니다. +100과 −100 사이의 진동으로 골든크로스와 데드크로스가 발생하기 때문에 시세분기점을 확실하게 확인할 수 있습니다.

　CCI를 이용한 매매구간의 예를 들어보면 다음과 같습니다. CCI가 기준선을 상향돌파할 때 매수해서 기준선을 하향돌파할 때 매도하는 경우의 구간을 보여주는 것입니다. 물론 CCI지표가 정확히 맞지 않는 부분도 있습니다. 왜냐하면

CCI지표는 주가의 추세를 보여주는 지표이기 때문에 추세가 형성된 부분에서 효용이 더욱 커진다는 것을 기억해야 합니다.

CCI 구하기

CCI는 도널드 램버트가 상품선물의 주기적인 흐름을 파악하기 위해 만든 것입니다. 선물, 옵션 등의 파생시장에서 특히 활용도가 높은 기술적 지표입니다.

CCI는 다음과 같은 식으로 구할 수 있습니다.

$CCI = (M-m)/(d \times 0.015)$

여기서

M = (고가+저가+종가) / 3

m = M의 n일 동안의 단순평균 = M/n

d = 절대값(|M-m|)의 n일 단순평균 = (|M-m|) / n

앞의 식에서 0.015는 램버트가 사용한 값으로, CCI가 −100에서 +100 사이를 크게 벗어나지 않게 하기 위한 상수입니다. 실제로 계산해보면 CCI값의 약 70~80%가 ±100 상에 있다는 것을 알 수 있습니다. 또한 기간을 표시하는 n은 HTS에서는 9일을 사용하고 있습니다.

MACD - 추세지표

MACD Moving Average Convergence Divergence는 단기이동평균선과 장기이동평균선 사이의 관계를 보여주는 지표입니다. MACD 오실레이터의 원리는 장기와 단기 두 이동평균선이 서로 멀어지게 되면 다시 가까워져서 어느 지점에서 서로 교차한다는 성질을 이용해서 두 개의 이동평균선이 멀어지는 가장 큰 시점을 찾고자 하는 것입니다.

MACD를 만드는 계산식은 다음과 같습니다.

---

① MACD = 단기지수이동평균값 – 장기지수이동평균값

② 시그널 = n일간의 MACD 지수이동평균

MACD값은 기본적으로 (–)값과 (+)값을 갖습니다. 왜냐하면 단기지수이동평균이 장기지수이동평균보다 높으면 (+)값을, 그리고 단기지수이동평균이 장기지수이동평균보다 낮으면 (–)값을 갖기 때문입니다. 그렇다면 해석 기준에 따라 0을 기준으로 의사결정을 하면 됩니다.

MACD에 시그널선을 더하면 크로스분석을 추가해볼 수 있습니다. 그러면 MACD만을 보는 것보다는 좀 더 정확한 매매시점을 포착할 수 있습니다.

TRIX - 추세지표

TRIX_{Tripple Smoothed Moving Average}는 특정 기간의 지수이동평균을 세 차례 평활과정, 즉 계속 지수이동평균선을 구하여 그 변화율을 나타낸 지표입니다.

TRIX는 0선을 기준으로 진동하며 그려지는데, 세 번이나 지수이동평균을 평활한 것은 정해진 기간보다 짧고 불필요한 움직임을 여과하는 과정입니다. TRIX를 이용한 매매 방법은 다음과 같습니다.

1 기준선인 0선을 교차하는 시점을 찾는 방법
2 경계지역을 만들어 변곡점을 찾는 방법
3 해당 지표에 시그널라인을 만들어 매매의 시점으로 적용하는 방법
　예를 들어 TRIX지표가 시그널선 위로 상향돌파할 때 매수하고 TRIX지표가 시그널선 아래로 하향돌파할 때 매도하면 됩니다.

TRIX지표는 다음과 같이 계산할 수 있습니다.

---

① 종가를 이용하여 해당 기간 n일의 주가이동평균선을 구한다.

② ①에서 구한 주가이동평균값을 기초로 다시 해당 지수 n일간의 이동평균을 구한다.

③ ②에서 구한 주가이동평균값을 기초로 다시 해당 지수 n일간의 이동평균을 구한다.

④ ③에서 구한 이동평균값의 1일 변화율을 구하여 최종적으로 TRIX값을 산출한다.

그리고 시그널값은 TRIX의 9일 이동평균값을 사용하며, TRIX의 기준은 12일로 계산하는 것이 통상적입니다.

시그마 – 변동성지표

시그마Sigma는 표준편차에 계산되는 STDEV를 표준정규분포상의 위치로 변환하여 추세의 이탈 여부를 확인하는 지표입니다. 즉, 변동성이 상승추세에서 확대되는 것인지 아니면 하락추세에서 축소되는 것인지에 따라서 매매시점을 찾는 지표입니다. 시그마는 다음과 같이 계산할 수 있습니다.

$$\text{Sigma} = (\text{종가} - \text{이동평균}) / \text{STDEV}$$

이 지표의 활용 방법은 상승추세에서 기준점을 상향돌파하면서 확대되는 시점이 매수시점이고, 하락추세에서 기준점을 하향돌파하여 축소되는 시점을 매도시점으로 판단하는 것입니다.

차이킨 오실레이터 – 모멘텀지표

차이킨 오실레이터Chaikin's Oscillator는 그랜빌의 OBV 개념을 수용하여 수정 개발된 거래량 관련 지표입니다. OBV의 문제점으로는 주가 움직임 폭의 강약에 관계없이 동일하게 거래량을 누적시켜나가기 때문에 하루에도 수없이 변화하는 주가 움직임을 정확히 반영하지 못한다는 점, 시작일에 따라서 OBV값이 달라지기 때문에 절대적인 값 자체는 아무런 의미가 없다는 점이 있습니다. 이런 단점을 보완하기 위해 당일의 종가와 당일 주가 움직임의 중간값과의 관계를 거래량에 반영하여 만든 지표가 바로 차이킨 오실레이터입니다.

차이킨 오실레이터는 다음과 같이 계산할 수 있습니다.

① 차이킨의 AD Accumulation Distribution의 계산

당일의 종가에서 당일 주가 움직임의 중간치를 뺀 값과 당일의 고가에서 저가를 뺀 값의
비율

$$CAD = \frac{종가-(고가+저가)/2}{고가-저가} \times 거래량$$

② 차이킨 오실레이터의 계산

앞에서 계산한 CAD의 3일 이동평균에서 10일 단순이동평균을 빼서 계산

차이킨 오실레이터 = CAD의 3일 이동평균 − CAD의 10일 이동평균

차이킨 오실레이터는 주가와의 관계에 의한 괴리도분석 방법과 지표 자체의
움직임을 기준으로 한 분석 방법으로 나눌 수 있습니다. 각각의 분석 방법은 다
음과 같이 해석합니다.

괴리도분석 | 일반적으로 기술적 지표와 주가가 괴리를 보인다는 것은 지표의 움
직임 방향과 주가의 움직임 방향이 서로 다른 경우를 의미합니다. 주가가 고점에
도달했지만 차이킨 오실레이터는 이전의 상승에서보다 낮은 곳에서 고점을 형성
할 경우에는 약세 괴리로 매도신호를 나타냅니다. 반대로 주가는 저점에 도달했
지만 차이킨 오실레이터는 이전의 하락에서보다 높은 곳에서 저점을 형성할 경우
에는 강세 괴리로 매수신호로 판단합니다.

지표의 방향 전환에 따른 분석 | 차이킨 오실레이터의 방향 전환에 따른 매매를 적
용하기 위해서는 먼저 주가의 중장기추세를 파악하여 추세에 순응하는 매매를 해
야 합니다. 중장기추세가 상승추세일 경우에는 매수신호만 취하고, 하락추세일
경우에는 매도신호만 취해야 한다는 것입니다.

예를 들어 이 지표가 0선 아래에서 위로 상승할 경우 매수신호를 나타내는데 이때 중장기추세가 상승추세이면 매수를 해야 하지만, 중장기추세가 하락추세일 경우에는 매수를 해서는 안 됩니다.

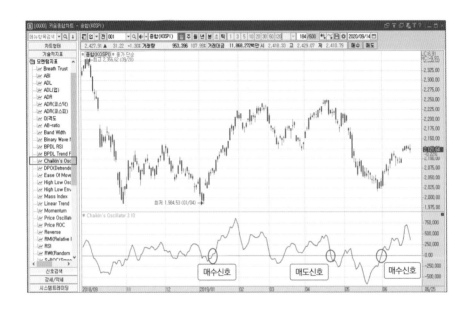

ROC

ROCRate of Change는 오늘의 주가와 n일 전의 주가 사이의 차이를 나타내주는 지표 입니다. 보통 12일 전의 주가와 비교하는 것으로 정해져 있습니다.

ROC를 구하는 공식은 다음과 같습니다. 이 식을 통해서 보면 당일의 종가가 n일 전 종가보다 더 높다면 ROC는 (+)값을, 당일의 종가가 n일 전 종가보다 낮 다면 (−)값을 갖게 됩니다. 그렇다면 ROC가 기준선인 0선을 상향돌파하는 시점 에서 매수를, 기준선인 0선을 하향돌파하는 시점에서 매도를 하면 됩니다.

$$ROC = \frac{당일\ 종가 - n일\ 전\ 종가}{n일\ 전\ 종가} \times 100$$

다음 차트를 통해서 ROC가 실제로 어떻게 쓰이는지 살펴보겠습니다.

소나 모멘텀 지표

소나Sonar 모멘텀 지표는 주가 사이클의 전환점을 파악하기 위해 개발되었습니다. 기울기의 변화를 통해 주가의 상승과 하락의 강도를 사전에 알 수 있게 해줍니다. 즉, 주가의 이동평균선을 이용하여 이동평균선의 한계변화율을 나타내주는 지표로서, 사이클의 전환점을 파악하는 데 유용합니다.

모멘텀이란 곡선의 한 점 기울기를 계산하는 것으로 주가의 상승이나 하락의 강도를 미리 알려고 하는 기술적 기법을 말합니다. 주가가 상승을 지속하더라도 모멘텀의 기울기가 둔화되면 향후 주가하락을 예상할 수 있습니다.

소나 모멘텀은 다음과 같이 구합니다. 여기서 n일은 25일로 설정되어 있습니다.

$$Sonar = \frac{\text{오늘의 지수이동평균} - \text{n일 전 지수이동평균}}{\text{n일 전 지수이동평균}}$$

소나 모멘텀 지표를 이용한 매매 방법은 다음과 같습니다.

1 소나값이 0을 기준으로 상향돌파하면 매수신호로, 하향돌파하면 매도신호로
판단합니다.

2 상승하던 소나값이 0선 이하의 수준에서 상승세로 반전되는 시점을 매수신호
로, 0선 이상의 수준에서 하락세로 반전되는 시점을 매도신호로 판단합니다.

3 소나가 소나이동평균을 아래에서 위로 상향돌파할 경우 매수신호로, 위에서
아래로 하향돌파하는 경우 매도신호로 판단합니다.

4 추세 역전을 이용하는 경우 주가가 상승할 때 소나값이 하락한다는 것은 비록
현재의 추세가 상승국면일지라도 그 상승폭이 이전만 못하다는, 즉 점차 추세
가 약화된다는 것을 의미합니다. 따라서 이는 중요한 매도신호가 됩니다. 반대
로 주가가 하락할 때 소나값이 상승하는 경우는 중요한 매수신호가 됩니다.

바이너리 웨이브 MACD

바이너리 웨이브Binary Wave는 지수이동평균선, ROC, 스토캐스틱Stochastic, MACD 등 네 개의 지표를 하나의 지표로 수치화한 것을 말합니다. 바이너리란 (0, 1) 또는 (−1, +1) 등 두 개의 값만을 갖는 상태를 말합니다. 다음에 제시된 각 지표들의 값을 정해서 최대 +4에서 최소 −4까지 합산되는 지표입니다.

개별 지표	기본값	강세시장조건(+1)	약세시장조건(−1)
ROC	종가, 12일	0보다 클 때	0 이하일 때
지수이동평균	종가, 20일	20일 이동평균 상향	20일 이동평균 하향
MACD	12일, 26일, 9일	시그널곡선 위에 위치	시그널곡선 아래 위치
스토캐스틱	5일, 3일	50보다 클 때	50 이하일 때
바이너리 웨이브		+4	−4

이렇게 계산된 경우 바이너리선이 0을 상향돌파할 때 매수시점으로, 0선을 하향 돌파할 때 매도시점으로 포착합니다.

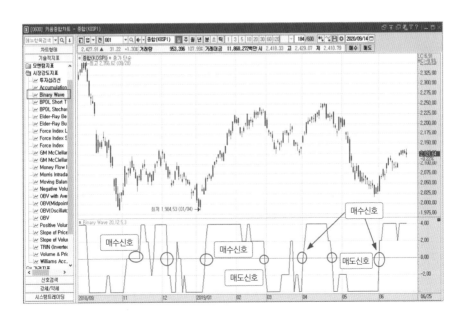

바이너리 웨이브 MACD는 바이너리 웨이브를 MACD 타입으로 변형하여 응용한 것입니다. MACD 방식대로 바이너리 웨이브의 단기와 장기이동평균의 차이를 구합니다. 매매 방식은 MACD와 동일합니다. 0선을 상향돌파 시 매수, 하향돌파 시 매도합니다. 또한 시그널선을 상향돌파 시 매수, 하향돌파 시 매도합니다.

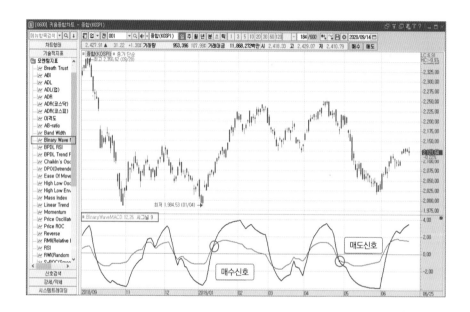

03

범위 설정의 기술적 지표로 매매시점 포착

범위 설정을 이용하여 타이밍을 포착하라

범위 설정으로 매매시점을 포착하세요

범위의 설정은 대체로 0에서 100까지의 범위를 정하는 것이 일반적이지만 이동 평균선을 이용하거나 주가의 변동성을 이용한 지표도 있습니다. 먼저 이동평균 선이나 주가의 변동성을 이용한 지표의 이용 방법을 살펴보겠습니다.

볼린저 밴드

볼린저 밴드Bollinger Band는 시간 흐름에 따른 가격의 변화 정도인 변동성을 반영한 지표입니다. 볼린저 밴드는 일정 기간 동안의 이동평균선을 중심선으로 이동평 균값에서 이동평균편차의 적정 배수(일반적으로 +2σ)를 더한 값을 상한선으로 하 고, 적정배수(일반적으로 −2σ)만큼 빼준 값을 하한선으로 합니다. 즉, 주가의 변 동성을 측정하여 상한과 하한의 범위에 머물 확률을 약 95% 수준으로 합니다.

볼린저 밴드는 주가가 상한선과 하한선을 경계로 등락을 거듭한다는 것이 기 본적인 아이디어입니다. 따라서 볼린저 밴드를 이용할 경우 다음과 같은 특징을 이해해야 합니다.

1 상한선과 하한선의 폭이 좁아지면 가격변화가 일어나기 쉽습니다. 즉, 일정 기간 동안 주가의 움직임이 별다른 변화 없이 지속되면 밴드의 폭이 좁아지고 이는 조만간 가격의 상승 또는 하락현상이 나타날 것임을 암시하는 신호로 봅니다.

2 주가가 밴드를 이탈해서 밖에서 움직이는 경우에는 현재 추세가 지속되는 것으로 판단합니다.

3 밴드 안에서 형성된 정점과 저점은 밴드 밖에서 형성된 정점과 저점으로 이어지는데 이는 곧 추세의 전환을 의미합니다.

4 상한선이나 하한선 가운데 어느 한쪽으로 주가가 움직인 이후에는 항상 다른 한쪽을 향해 주가가 움직이려는 경향을 보입니다. 즉, 밴드의 등락폭이 좁아질수록 주가의 변화 가능성은 높아집니다. 또한 좁은 등락폭 안에서 장기간 머물수록 주가의 변화 가능성은 더욱 높아집니다.

볼린저 밴드를 이용한 매매신호는 다음 차트에서 확인할 수 있습니다.

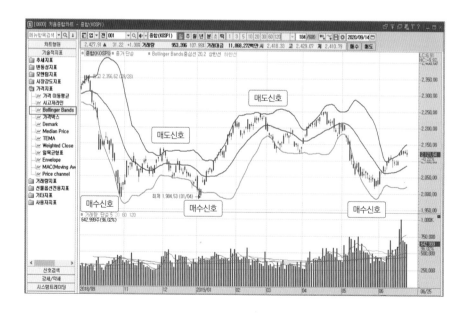

그래프상에서 볼린저 밴드의 상단에서는 매도, 하단에서는 매수하는 포인트들이 나타나는 것을 알 수 있습니다.

볼린저 밴드를 이용할 경우 보조적으로 밴드위스Band Width지표를 같이 사용하기도 합니다. 밴드위스는 상한밴드와 하한밴드의 거래를 중간밴드로 나누어 구하는 지표로 다음과 같이 계산할 수 있습니다.

$$밴드위스 = \frac{상한밴드값 - 하한밴드값}{중간밴드값} \times 100$$

밴드위스의 값이 커진다는 것은 볼린저 밴드의 폭이 커짐에 따라 가격 변동성이 커짐을 뜻합니다. 반대로 값이 작아지면 밴드의 폭이 작아지며 조정장의 가능성을 암시하는 것입니다. 일반적으로 이 지표가 아래에서 위로 전환할 때를 매수시점으로, 위에서 아래로 전환할 때를 매도시점으로 잡습니다.

아래 차트를 통해 밴드위스가 상승 전환하거나 하락 전환할 때의 매매시점을 확인해보세요.

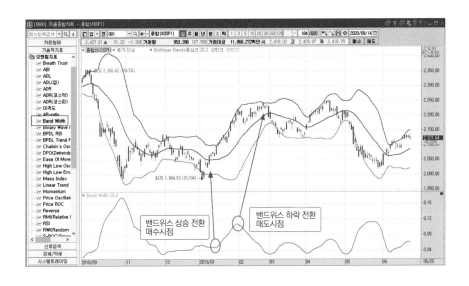

엔벨로프

엔벨로프Envelope는 영어로 봉투라는 뜻으로, 이동평균선을 중심으로 일정 비율의 상한선과 하한선을 그린 지표입니다. 예를 들어 이동평균선에서 5% 상단, 5% 하단을 위아래로 그려놓고 그 범위에서 주가가 정상적으로 움직일 것이라고 생각하는 것입니다. 엔벨로프를 통해 매매할 때도 주가가 밴드의 상한선에 접근하는 경우 매도신호로 판단하고 하한선에 접근하는 경우 매수신호로 판단합니다. 이때 최적의 등락폭은 주가의 변동성에 달려 있습니다. 즉, 주가의 변동성이 커지면 커질수록 이동평균선을 중심으로 한 상한폭과 하한폭도 더 커져야 합니다.

일반적으로 엔벨로프를 이용해서 매매에 적용하는 방법은 다음과 같습니다.

1 주가가 가운데 이동평균선을 상향돌파할 때를 매수시점으로, 하향돌파할 때를 매도시점으로 인식합니다.

2 엔벨로프를 벗어난 후 다시 엔벨로프 안으로 들어오는 시점을 매매시점으로 인식합니다. 또는 지지선 부근에서 매입하고 저항선 부근에서 매도하는 방법이 있습니다. 대체로 앞서 살펴본 볼린저 밴드의 매매방법과 유사하다고 판단해도 무방합니다. 엔벨로프는 다음과 같은 방법으로 구할 수 있습니다.

> ① 중심선 : n일간의 이동평균선
> ② 상한선 = 중심선 + α%
> ③ 하한선 = 중심선 + α%

현재 HTS에서 설정된 엔벨로프는 20일 이동평균선을 이용해서 상하 6%의 범위에서 움직이는 것으로 설정되어 있습니다.

앞서 살펴본 지표들 이외에 범위를 이용한 기술적 지표들의 경우 그 값이 0에서부터 100까지의 값을 갖도록 강제로 조정하는 경우가 많습니다. 이때는 75 이상에서는 과열상태로 매도를 하고 25 이하에서는 침체상태로 매수를 하면 됩니다.

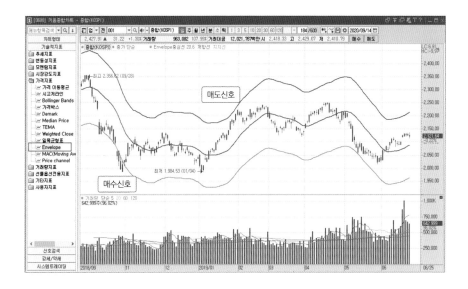

RSI – 모멘텀 지표

RSI Relative Strength Index는 상대강도지수로 특정 기간의 상승폭과 하락폭을 비교해서 주가의 에너지를 예측하는 지표입니다. RSI는 다음과 같이 구합니다.

$$RSI = \frac{14일간\ 상승폭\ 합계}{14일간\ 상승폭\ 합계 + 14일간\ 하락폭\ 합계} \times 100$$

위의 공식에서 만약 14일간 매일 주가가 올랐다면 RSI값은 100이 될 것입니다. 또한 14일간 매일 주가가 내렸다면 RSI값은 0이 될 것입니다. RSI값은 공식에 따라 100을 넘어가지 못하고 (–)값이 나오지도 못합니다. 따라서 RSI를 해석하는 기준은 0과 100 사이의 범위이므로 75% 이상에서는 과열로 판단해서 매도하고 25% 이하에서는 침체로 판단해서 매수하면 됩니다. HTS에서는 그 기간이 14일로 지정되어 있지만 이는 변경할 수 있는 숫자입니다.

RSI를 이용할 때 다이버전스Divergence를 확인하는 것도 중요합니다. 다이버전스란 가격은 상승하지만 보조지표의 추세는 하락한다든지 아니면 가격은 하락하지만 보조지표의 추세는 상승하는 것을 뜻합니다. 이렇게 가격과 기술적 지표가 반대방향으로 움직이는 다이버전스가 발생한다는 것은 모멘텀이 소진되었다는 증거입니다.

스토캐스틱

스토캐스틱은 Stock+Forcast의 합성어로 알려져 있습니다. 즉, 주가를 예측하는 지표라는 뜻입니다. 이는 주가의 움직임을 잘 반영하는 지표 가운데 하나로 일정 기간 동안의 주가 변동폭에서 당일 종가의 위치를 백분율로 나타낸 것입니다.

$$\%K = \frac{당일\ 종가-최근\ n일\ 중\ 최저가}{최근\ n일\ 중\ 최고가-최근\ n일\ 중\ 최저가} \times 100$$

$$\%D : \%K의\ 이동평균$$

주가가 상승 중일 때는 당일 종가가 주가 변동폭의 최고가 부근에, 하락 중일 때는 당일 종가가 주가 변동폭의 최저가 부근에 형성됩니다.

먼저 %K를 살펴볼 때 당일의 종가가 n일에서 최고가를 형성하면 분모와 분자가 같아져 100이 됩니다. 그리고 당일의 종가가 n일에서 최저가를 형성하면 분자가 0이 되어 그 값이 0이 됩니다. 따라서 %K의 움직임은 0에서 100까지의 범위에서 움직입니다. 그러므로 25%와 75%를 기준으로 매매하면 됩니다.

그리고 %D가 %K의 이동평균이니 이들 두 선 간의 크로스분석을 동시에 살펴보겠다는 의미도 됩니다. 그렇다면 두 기준에 따라 매매신호를 파악하면 됩니다. HTS에서 보면 스토캐스틱의 경우도 다른 지표들과 마찬가지로 침체권에서는 청색으로 나타나고, 과열권에서는 적색이 나타납니다. 그리고 %K와 %D의 교차 모습도 확인할 수 있습니다. 따라서 각각의 상황에서 매수와 매도에 대한 판단을 하면 됩니다.

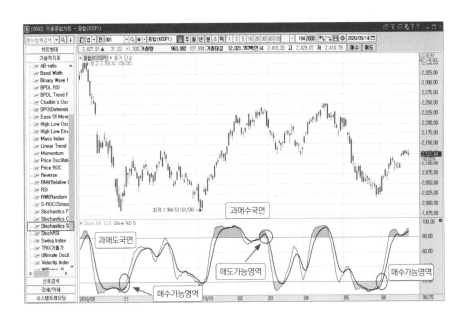

투자심리선

기술적 분석의 유용성 가운데 하나는 시장에서 나타나는 투자자들의 심리상태를 파악할 수 있다는 것입니다. 그중 투자심리도는 심리도를 직접적으로 측정한 것이고 이러한 투자심리도를 선으로 이은 것이 투자심리선입니다. 투자심리선은 최근 10일의 주가상승일수로 측정합니다. 즉, 최근 2주일 동안 주가가 며칠간 올랐는지를 통해서 살펴보면 됩니다.

$$투자심리도 = \frac{최근\ 10일\ 중\ 주가상승일수}{10일} \times 100$$

10일간 매일 주가가 올랐다면 100%가 되고 10일간 주가가 하루도 오르지 않았다면 0이 됩니다. 투자심리도가 70 이상일 때 과열상태로 판단해서 매도로, 30 이하일 때 침체상태로 판단해서 매수로 대응하면 됩니다. HTS에서는 75%와 25%를 기준선으로 설정하고 있습니다. 각각 과열권에서는 적색으로, 침체권에서는 청색으로 구분합니다.

윌리엄스 R

윌리엄스 R Williams R은 주가가 상승추세에서는 최근 주가 움직임(고가-저가)의 고점 근처에서 끝나고, 하락추세에서는 저점 근처에서 끝나는 경향이 있다는 사실을 기초로 만들어집니다. 즉, 매일의 종가와 최근 일정 기간의 고가-저가 범위의 어느 곳에 위치하는지를 관찰함으로써 시장의 강약을 파악하려고 하는 지표입니다.

$$\text{윌리엄스 R} = \frac{\text{최근 n일 중 최고가-당일 종가}}{\text{최근 n일 중 최고가-최근 n일 중 최저가}} \times 100$$

위의 식으로 계산해보면 일반적인 지표와는 반대로 지표차트의 아래쪽에서 과매수영역이 나타나고, 위쪽에서 과매도영역이 나타납니다.

윌리엄스 R을 이용한 매매 방법은 다음과 같습니다. 윌리엄스 R은 0~100 사이를 움직이는데 윌리엄스 R이 25 이하에서는 과매수로, 75 이상에서는 과매도로 판단합니다.

04

기타 기술적 지표

보조지표로
신뢰도를 높여라

기타 보조지표를 유용하게 활용하세요

DMI와 ADX

DMI Directional Movement Indicator는 현재 시장이 상승추세라면 오늘의 고가는 어제의 고가보다 높아야 하고, 하락추세라면 오늘의 저가는 어제의 저가보다 낮아야 한다는 기본 가정에서 출발합니다. 따라서 DMI는 '어제의 가격등락폭을 벗어난 오늘의 가격등락'으로, 이를 (+)DM과 (−)DM이라는 개념으로 정리합니다.

① (+)DM / (−)DM
(+)DM은 (오늘의 고가−어제의 고가)입니다. 그리고 (−)DM은 (오늘의 저가−어제의 저가)입니다. 단, (+)DM과 (−)DM은 하루에 한 가지만 발생해야 하는데 만약 오늘의 가격등락폭이 커서 (+)DM과 (−)DM이 동시에 발생하는 경우에는 두 값 가운데 큰 값을 택합니다.

② TR
DM이 구해지면 다음 과정은 매일매일의 DM의 백분율을 정하는 것입니다. TR True Range은 전일 종가와 당일 고가와 저가의 차이, 그리고 당일의 고가와 저가의 차이 등을 비교하여 이 값들 가운데 절댓값이 최대인 것을 취합니다. 다음 세 가지 가운데 가장 큰 값을 의미합니다.

a. 당일의 고가 – 당일의 저가

b. 당일의 고가 – 전일의 종가

c. 당일의 저가 – 전일의 종가

③ DI의 계산

앞의 과정을 거쳐서 DM과 TR이 구해지고 나면 방향성 지표인 DI Direction Indicator를 구할 수

있습니다. 단, 각각은 14일간의 평균값을 사용하도록 정해져 있습니다.

DI = DM / TR

(+)DI = (+)DM / TR

(−)DI = (−)DM / TR

그렇다면 DMI를 이용한 분석 방법을 살펴보겠습니다.

기본적인 분석 방법

(+)DI선이 (−)DI선을 상향돌파하면 매수신호로, (+)DI선이 (−)DI선을 하향돌파

하면 매도신호로 인식합니다. 먼저 DMI지표만을 가지고 판단하는 방법을 차트

를 통해 알아보겠습니다.

그러나 앞의 차트를 가만히 보면 속임수가 많고 잦은 매매신호가 나타나는 것을 알 수 있습니다. 이런 단점을 보완하기 위해 만들어진 기술적 지표가 바로 ADX입니다.

ADX^{Average Directional Movement Index}는 그 값이 클수록 추세가 강한 시장으로 판단하며, 작을수록 추세가 약한 시장으로 이해하는 지표입니다. 그러나 ADX만을 가지고 그 추세가 상승추세인지 아니면 하락추세인지를 알 수는 없습니다. 예를 들어 가격이 하락할 때 ADX가 급격히 증가한다면 그것은 하락추세의 강도가 강화되고 있다고 이해해야 합니다. ADX는 다음과 같이 구합니다.

ADX는 DX를 평활화한 것입니다. 따라서 DX를 먼저 구해야 합니다.

① DX = (DI의 차이/DI의 합)×100 = $\dfrac{(|(+)DI-(-)DI|)}{(+)DI+(-)DI} \times 100$

그러나 이렇게 구한 DX는 그 값의 변동폭이 너무 크기 때문에 DMI를 구할 때와 마찬가지 기간으로 평활화해줘야 합니다. 따라서

② ADX = (DX의 n일간의 합계 / n일)

ADX는 흔히 지표의 지표라고 합니다. 왜냐하면 ADX는 독자적으로 사용하기 어렵지만 다른 지표와 같이 사용하면 정확도를 높일 수 있기 때문입니다. 예를 들어 특정 지표가 과열 또는 매도신호를 내고 있는데 ADX는 상승세를 지속한다면 이는 상승이 더 이어질 수 있는 신호로 인식하고 매도를 보류하여야 합니다. 그러나 ADX가 일정한 수준에서 등락을 거듭하고 있다면 이는 횡보시장이므로 추세를 추종하는 것은 피해야 합니다.

DMI와 ADX를 동시에 설정한 그림은 다음과 같습니다. 일반적으로 DMI지표를 설정하면 ADX가 같이 나타나지만 선이 많이 겹치는 경우 혼란이 발생할 수 있어 두 지표를 분리해놓은 것입니다.

TR과 ATR

ATR^{Average True Range}은 유가증권의 변동성을 측정하는 지표입니다. 따라서 이 지표는 가격의 방향성이나 지속기간이 아닌 가격 움직임의 정도나 변동성을 알려주는 것입니다. ATR은 TR^{True Range}의 평균치를 말합니다.

ATR은 TR의 14일간의 이동평균으로 구할 수 있습니다. 다만, ATR은 절대적 수준으로서의 변동성을 보여주기 때문에 저가주는 고가주에 비해 더 낮은 ATR 수준을 갖는다는 점을 기억해야 합니다.

ATR은 다음과 같이 매매에 적용할 수 있습니다.

1 높은 ATR값은 투자자의 투매나 주식시장의 공황과 같은 현상 뒤에 시장의 바닥권에서 나타나며, 낮은 ATR값은 천정권이나 이동평균의 밀집구간 같은 시장의 횡보국면에서 흔히 발견됩니다.

2 ATR은 단기적인 변동성을 측정하는 지표로도 사용됩니다. 시장의 추세가 움직임이 없는 횡보국면 속에도 큰 폭의 등락을 거듭하는 경우가 있습니다.

이와 같이 ATR은 추세와 다르게 변동성에 초점을 맞추고 있습니다. 따라서 구체적인 매매시점보다는 방향의 전환점을 찾는 지표로 이해하는 것이 좋습니다.

3 일반적인 경우 이 지표를 활용하려면 DMI지표나 ADX지표와 병행하여 사용해야 합니다.

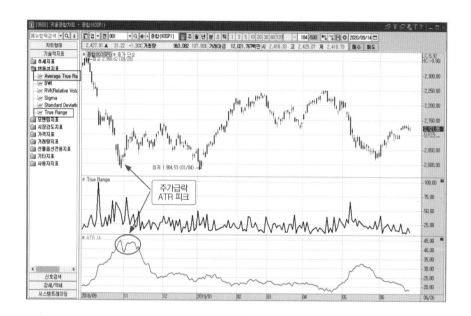

이격도

이격도는 주가와 이동평균선 사이가 얼마나 떨어져 있는지를 나타내는 지표입니다. 이는 당일 주가를 이동평균치로 나눠 계산하며, 단기 투자시점을 포착하는 지표로 활용됩니다. 이격도가 100 이상이면 주가가 이동평균선보다 위에 위치하는 것이고, 이격도가 100 미만이면 주가가 이동평균선 아래에 위치하는 것입니다.

이격도를 이용한 매매기법은 주가가 이격도 100을 기준으로 상하로 움직이는 특성이 있다는 점을 이용합니다. 이격도가 100 이상이라면 매도관점으로, 100 이하라면 매수관점으로 접근합니다.

그런데 어떤 이동평균선과의 이격도인가에 따라서 매수와 매도의 수치가 조금씩 달라질 수 있습니다. 다음에 제시하는 이격도는 절대적인 수치는 아닙니다. 그러나 일반적으로 투자자들이 많이 보는 수치라는 점을 주목해야 합니다.

이격도 활용		매수	매수
20일 이격도	상승추세(강세장)	98% 이하	108% 이상
	하락추세(약세장)	92% 이하	102% 이상
60일 이격도	상승추세(강세장)	95% 이하	115% 이상
	하락추세(약세장)	88% 이하	108% 이상

05

OBV, VR, Volume ROC, 역시계곡선
거래량을 이용하여
지표를 분석하라

거래량으로 매매시점을 포착하세요

OBV

OBV On the Balance Volume는 거래량이 주가에 선행한다는 전제하에 주가가 전날에 비해 상승한 날의 거래량 누계에서 하락한 날의 누계를 차감하여 이를 매일 집계, 도표화한 것입니다. OBV선은 주가가 뚜렷한 등락을 보이지 않고 횡보하는 경우 거래량 동향에 따라 향후 주가를 예측하는 데 유용하게 활용되고 있습니다.

OBV선을 이용하여 주가를 분석할 때는 다음과 같은 원칙을 적용합니다.

1 OBV선의 상승은 매수세력의 집중을, 하락은 분산을 나타냅니다.
2 강세장에서는 OBV선의 고점이 이전의 고점보다 높게 형성되고, 약세장에서는 OBV선의 저점이 이전의 저점보다 낮게 형성됩니다. 이때 전고점을 넘어서는 OBV선을 U마크, 전저점을 하회할 때의 OBV선을 D마크라 합니다.
3 OBV선의 장기적 상향추세선이 진행되는 가운데 저항선을 상향돌파하는 경우 강세장을, 장기적 하향추세선을 하회하면 약세장을 예고합니다.

4 OBV선이 상승함에도 불구하고 주가가 하락하면 조만간 주가상승이 예상되고, OBV선이 하락함에도 불구하고 주가가 상승하면 조만간 주가하락이 예상됩니다.

OBV선을 구하는 방법은 다음과 같습니다.

> ① 주가가 전날에 비해 상승한 날의 거래량은 전날의 OBV에 가산한다.
> ② 주가가 전날에 비해 하락한 날의 거래량은 전날의 OBV에서 차감한다.
> ③ 주가의 변동이 없는 날의 거래량은 무시한다.

HTS에서는 기본적인 시그널선으로 OBV선뿐만 아니라 OBV의 9일 이동평균 선이 설정되어 있습니다. 따라서 U마크와 D마크를 찾음으로써 매매의사를 결정 하고 시그널선과의 크로스분석, 즉 골든크로스가 발생하는지 아니면 데드크로스 가 발생하는지의 여부를 통해서도 매매의사를 결정할 수 있습니다.

VR

OBV를 이용해서 거래량을 분석하는 경우 이는 절대수치로 나타나는 것이므로 과거 수치들과의 비교가 쉽지 않다는 단점이 있습니다. 이에 거래량의 움직임을 비율화해 과거와의 비교 가능성을 높인 지표가 바로 VR_{Volume Ratio}지표입니다. VR 은 다음과 같이 구합니다.

$$VR = \frac{상승일의\ 거래량\ 합계 + 변동이\ 없는\ 날의\ 거래량\ 합계 \times 1/2}{하락일의\ 거래량\ 합계 + 변동이\ 없는\ 날의\ 거래량\ 합계 \times 1/2} \times 100$$

OBV를 구할 때는 주가변동이 없는 날의 거래량은 무시하였습니다. 하지만 VR을 구할 때는 주가변동이 없는 날의 거래량을 분모와 분자에 각각 더해주어야 구할 수 있습니다.

거래량은 주가가 하락할 때에 비해 상승할 때 더 증가하는 모습을 보인다는 점을 다시 한번 상기한다면 VR은 다음과 같은 원칙에 따라 매매를 결정하는 데 이용할 수 있습니다.

1 VR이 150% 수준에서는 보통상태로 판단합니다.
2 VR이 450%를 넘어가면 과열상태로 판단합니다.
3 VR이 70% 이하에서는 침체상태로 판단합니다.

VR은 특히 시세의 천정권에서 일률적으로 적용하기 어렵지만 시세의 바닥권을 판단하는 데 신뢰도가 매우 높은 투자지표로 알려져 있습니다.

HTS에서는 25일간의 기간을 기본으로 해서 VR을 계산하고 있습니다. 매매시점이 어떻게 발생되는지에 대해서는 차트를 통해 침체상태와 과열상태에서의 주가 움직임을 확인해볼 수 있습니다.

볼륨 오실레이터와 볼륨 ROC

볼륨 오실레이터Volume Oscillator는 단기거래량이동평균과 장기거래량이동평균의 차이를 분석하여 매매에 이용하는 거래량지표입니다. 다음과 같은 식으로 계산할 수 있습니다.

$$볼륨\ 오실레이터 = \frac{단기거래량이동평균 - 장기거래량이동평균}{단기거래량이동평균} \times 100$$

볼륨 오실레이터를 이용하는 방법은 다음과 같습니다.

1 주가가 상승하고 있으며 볼륨 오실레이터가 0보다 크면 현재 시장을 강세시장으로 판단하여 매수합니다.

2 주가가 하락하고 있으며 볼륨 오실레이터가 0보다 작으면 현재 시장을 약세시장으로 판단하여 매도합니다.

볼륨 ROC Volume ROC는 현재의 거래량과 일정 기간 전의 거래량을 비교한 백분율 값으로 현재의 거래량이 증가하였다면 양의 값을 갖고, 감소하였다면 음의 값을 갖습니다. 매매전략에 적용하는 방식은 볼륨 오실레이터와 유사합니다.

역시계곡선 또는 주가 - 거래량 상관곡선

거래량과 관련해서 지표는 아니지만 반드시 알고 가야 하는 것은 역시계곡선입니다. 역시계곡선 또는 주가-거래량 상관곡선은 시계반대방향으로 움직인다는 뜻으로 주가와 거래량의 관계를 일목요연하게 정리해놓은 것입니다. 일반적으로 주가는 거래량이 증가하는 경우에 상승할 가능성이 크고, 거래량이 감소하는 경우에는 하락할 가능성이 크다는 점을 이용한 지표입니다. 역시계곡선의 각 국면을 살펴보면 다음과 같습니다.

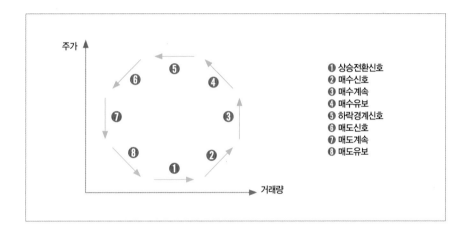

❶ 주가가 횡보하는 가운데 거래량이 늘어나는 경우 주가가 상승세로 전환할 것으로 예상해볼 수 있습니다.

❷ 주가가 상승하는 가운데 거래량이 늘어나는 경우 주가의 추가 상승을 예상해서 매수신호로 판단합니다.

❸ 주가가 상승하는 가운데서 거래량의 변화가 없으면 매수를 지속해도 좋다는 신호로 판단합니다.

❹ 주가가 상승하는 가운데 거래량이 줄어들면 시장은 과열상태로 조만간 추세의 변화가 예상되므로 추가적인 매수는 삼갑니다.

❺ 주가가 상승한 이후 횡보하는 가운데 거래량이 더 줄어들면 하락 전환신호로 판단합니다.

❻ 주가가 하락하는 가운데 거래량이 더욱 줄어들면 매도신호로 판단하고 보유 주식을 매도합니다.

❼ 주가가 하락하면서도 거래량은 늘지 않으면 매도를 지속해야 합니다.

❽ 주가가 하락하는 가운데 거래량이 서서히 늘어나면 추가적인 매도는 삼가고 매도를 유보해야 합니다.

역시계곡선은 차트에서 다음과 같이 표시됩니다.

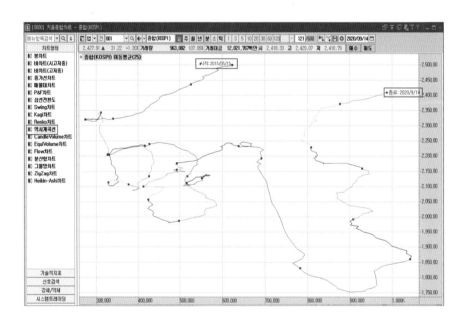

추세 전환신호 다이버전스를 알아두세요

다이버전스는 시장가격의 움직임과 기술적 지표의 움직임이 일치하지 않고 그 방향이 상반되게 나타나는 것을 말합니다. 일반적으로 다이버전스는 스토캐스틱 지표와 RSI지표에서 찾아볼 수 있습니다.

스토캐스틱의 다이버전스

주가의 고점은 점점 높아지면서 신고가를 경신하는데 스토캐스틱의 고점은 직전 고점을 돌파하지 못하는 경우 하락다이버전스가 발생했다고 하며 이는 매도신호로 인식됩니다. 반대로 주가는 저점을 경신하고 있는데 스토캐스틱의 저점은 높아지는 상황이라면 상승다이버전스가 발생했다고 하고 이는 매수신호로 인식됩니다.

하락다이버전스의 예

상승다이버전스의 예

RSI의 다이버전스

시장과 RSI가 움직이는 방향이 상반되는 것을 말합니다.

하락다이버전스의 예

상승다이버전스의 예

RSI의 다이버전스는 보통 RSI의 값이 30과 70 사이에서 결정될 때 나타납니다. 그러나 시장의 움직임이 과열되어 RSI의 값이 30 이하로 결정되거나 70 이상에서 결정될 경우 다이버전스가 나타나면 이는 아주 강력하고 중요한 추세 반전의 신호로 인식합니다.

도호 씨는 볼린저밴드를 통해 주가 움직임을 판단하고 있습니다. 볼린저밴드는 밴드 상단에서는 매도, 밴드 하단에서는 매수신호를 보내는 지표입니다. 지금 볼린저밴드의 하단에서 반등하고 있어 매수적기로 판단한 겁니다.

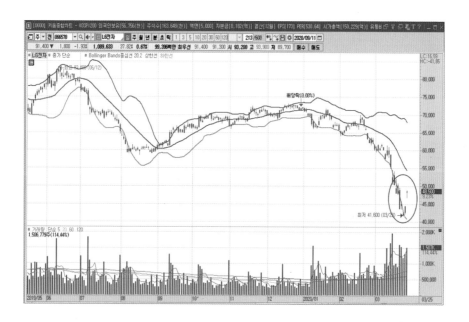

그렇다면 실제로 주가는 도호 씨의 판단 이후 어떤 움직임을 보였을까요? 다음 차트에서 보는 바와 같이 볼린저밴드의 하단에서 반등했던 주가는 상승하는 모습을 보였습니다.

그리고 볼린저밴드를 통해서 주가를 분석할 때는 볼린저밴드의 폭이 확산된 후 다시 좁아지려고 하고, 또 좁아지고 나면 확산된다는 점을 기억해야 합니다.

실제 주가 움직임

볼린저밴드는 수렴과 확산을 거듭하는데, 볼린저밴드의 확산이 반드시 주가 상승으로 이어지는 것은 아닙니다. 즉, 주가하락이 가파르게 나타나면서 볼린저 밴드의 확산이 나타날 수 있다는 것도 기억해야 합니다.

다음은 하나투어 차트 모습입니다. 볼린저밴드가 수렴한 이후 하락하면서 확산되는 모습을 볼 수 있습니다.

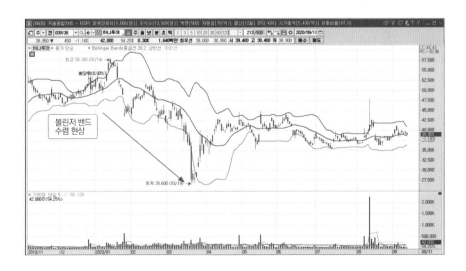

응용문제 1

동화 씨는 미래 자동차라고 불리는 전기차에 관심이 많습니다. 전기차는 한 번 충전해서 얼마나 장거리를 달릴 수 있는지가 경쟁력이라고 알고 있습니다. 전기 차는 2차전지 배터리를 이용해서 달리게 되는데요. 그만큼 배터리 기술이 좋아 야 전기차 산업이 발전할 수 있다고 합니다. 그래서 2차전지 분야에서 가장 많은 특허를 보유하고 있는 LG화학에 관심을 두고 차트를 찾아봤습니다. 최근에는 상 승 후 하락하는 등 변동성을 보이고 있습니다.

그런데 LG화학의 차트를 함께 관찰하던 쾌남 씨가 빨리 주식을 사라고 권했습 니다. 과연 쾌남 씨는 무엇을 보고 판단한 것일까요?

Answer

쾌남 씨는 LG화학의 MACD오실레이터의 움직임을 통해 앞으로 LG화학의 주가가 상승할 것으로 예상했습니다. MACD는 0을 기준으로 하는데, 기준선인 0을 상향돌파할 때 매수를, 기준선인 0을 하향돌파할 때 매도를 합니다. 그림에서는 MACD가 0을 살짝 돌파하는 모습을 보이고 있습니다.

그렇다면 실제로 쾌남 씨의 매수 판단 이후 주가는 어떻게 움직였을까요? MACD는 비교적 단기적인 지표이긴 해도 매매 타이밍을 찾는데 매우 유용한 도구가 될 수 있습니다. LG화학의 주가는 매수신호가 나온 이후 상승하는 모습을 보여주고 있습니다.

응용문제 2

민정 씨는 치과에서 일하고 있습니다. 최근 고령화가 빠르게 진행되면서 치아가
부실한 어르신들이 병원을 찾아와 임플란트 시술을 하는 경우가 부쩍 늘어났고,
환자들의 예약대기도 길어지고 있는 상황입니다. 그래서 민정 씨는 임플란트를
만드는 회사인 오스템임플란트에 관심을 갖게 되었습니다. 사람들의 기대수명
이 늘어나게 되면 자연히 임플란트에 대한 수요도 증가할 것이기 때문입니다. 그
래서 오스템임플란트의 주식을 매수하려고 매일 차트를 살펴보고 있습니다. 그
러던 중 좋은 매수 타이밍이 왔다고 판단해서 재빨리 주식을 매수했습니다. 과연
민정 씨는 어떤 지표를 보고 매수시점으로 판단했을까요? 민정 씨의 판단은 옳
은 걸까요?

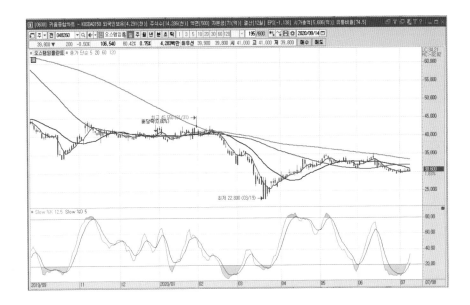

Answer

민정 씨가 본 것은 스토캐스틱지표입니다. 스토캐스틱은 80 이상에서는 과열로 판단해서 매도를 하고, 20 이하에서는 침체로 판단해서 매수를 하는 지표입니다.

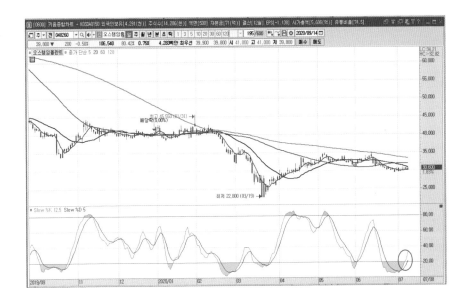

지금 오스템임플란트의 스토캐스틱지표를 보면 침체국면에서 막 벗어나려고 한다는 것을 알 수 있습니다. 그래서 매수하기로 판단한 겁니다.

그렇다면 과연 민정 씨의 매수 판단 이후 오스템임플란트의 주가는 어떤 모습이었는지, 민정 씨의 판단은 옳았던 건지 차트를 통해 확인해보겠습니다.

위 차트처럼 스토캐스틱지표가 침체에서 벗어나는 시점이 좋은 매수시점이 될 수 있습니다. 그리고 스토캐스틱지표의 저점이 높아지는 모습이 보이면 더욱 강한 상승세가 이어질 수 있다는 점도 시장에서 경험적으로 사용되고 있는 현상입니다. 오스템임플란트의 경우는 상승다이버전스가 발생한 경우입니다.

응용문제 3

동화 씨는 통신장비주에 관심이 많습니다. 스마트홈, 스마트시티 등을 구현하기 위해서는 5G망이 구축되어야 합니다. 특히 자율주행 자동차의 운행이 가능해지기 위해서는 더더욱 5G통신망이 필요하다는 점에서 통신장비주의 대표격인 케이엠더블유를 일찌감치 매수해서 상당한 이익을 보고 있는 상황입니다.

동화 씨는 일단 수익을 챙겨야 한다는 생각에 케이엠더블유의 매도 타이밍을 찾고 있습니다. 그런데 다음 차트를 보고 주식을 매도했습니다. 동화 씨는 과연 무엇을 보고 매도 타이밍을 찾은 걸까요?

Answer

동화 씨가 참고한 지표는 RSI입니다. RSI는 70 이상에서는 과열로 판단해서 매도를 하고, 30 이하에서는 침체로 판단해서 매수하는 지표입니다. 지금 케이엠더블유의 경우 과열상태에서 보통상태로 내려오려고 하는 상황으로, 매도 타이밍으로 볼 수 있습니다.

그렇다면 동화 씨가 매도로 판단한 이후 케이엠더블유의 주가는 어떻게 움직였는지 확인해보겠습니다.

케이엠더블유의 주가는 동화 씨가 매도한 이후 어느 정도 하락하는 모습을 보였습니다. 그러나 RSI가 잠시 침체권으로 떨어진 이후 상승다이버전스가 발생하면서 주가가 안정된 움직임을 보이고 있습니다. 일단 단기적으로 매도 타이밍을 잘 찾은 겁니다.

여기서 알 수 있는 것은 보조지표라고 하는 기술적 지표는 말 그대로 보조적으로 사용하는 지표라는 점입니다. 따라서 보조지표를 절대적인 지표라고 생각해서 맹목적으로 믿어서는 안 됩니다. 지금까지 살펴본 대부분의 기술적 보조지표들은 단기적인 대응에 주로 사용해야 한다는 점을 기억해주시기 바랍니다.

06

이론으로 시장을
꿰뚫어라

다우이론과 코스톨라니의 달걀,
엘리어트 파동이론에 대해 배웁니다.

"

분석에 분석을 더해 노력해야

주식시장에서 살아남을 수 있습니다.

일반적인 기술적 분석이론을 공부하며

종합적으로 접근하려는 시도가 중요합니다.

"

일광 씨는 우리 주식시장이 어떤 흐름으로 순환하는지를 알고 싶습니다. 실제로 매집국면 → 상승국면 → 과열국면 → 분산국면 → 공포국면 → 침체국면을 지나 다시 매집국면으로 순환하는지에 관심이 많습니다. 글로벌 금융위기 이후 10년이 지난 시점에서 시장의 향후 방향이 궁금했던 거죠. 그런데 최근 기술적 분석의 고전이론인 다우이론을 알게 되었습니다.

일광 씨는 주식시장의 한 사이클을 모두 이해하는 것이 어려워 다우이론을 오래 연구한 은규 씨를 찾았습니다. 과연 다우이론을 우리 시장에도 적용할 수 있는지 묻는 일광 씨에게 은규 씨는 위와 같은 차트를 보여줬습니다. 다우이론에 의한 각각의 국면에 비추어 우리 시장을 예측해보라며 월봉차트를 준 것입니다. 과연 우리 시장의 월봉차트를 통해 우리는 어떤 예측을 할 수 있을까요? 여러분도 같이 고민해보시기 바랍니다.

01

대공황을 맞춘 다우이론

경기국면을
예측하라

다우이론Dow Theory은 〈월스트리트저널〉의 편집장이던 찰스 다우가 1900년에 고안하였습니다. 1929년의 세계공황에 따른 미국증시의 붕괴를 예측하여 유명해진 장세분석 방법입니다. 초기 다우이론은 매우 간단한 내용이었지만 이후에 다양하게 변형되었습니다. 다우이론은 미래 증권시장의 전반적인 동향이 호황국면인지 아니면 불황국면인지를 예측하는 데 그 목적이 있습니다.

다우이론의 원칙을 이해하세요

다우이론의 일반원칙은 다음과 같은 내용들로 구성되어 있습니다.

평균치는 시장의 모든 요소를 반영한다

개개의 주가는 주식시장에서 알려진 모든 것을 반영한다는 원칙입니다. 즉, 새로운 정보가 발생하면 시장 참여자들은 재빨리 그 정보를 퍼뜨리고 이에 따라 주가도 상승하거나 조정을 보인다는 것입니다. 따라서 시장평균치는 대부분의 시장 참여자들에 의해 알려져서 모든 요소가 반영된다고 봅니다. 특히 모든 현상은 평균치로 모인다고 하는 평균회귀 현상이 이를 잘 설명하는 이론입니다.

시장은 세 개의 추세로 구성되어 있다

주식시장은 크게 세 개의 힘이 반영됩니다. 즉, 매일매일의 움직임을 나타내는 단기추세, 수주에서 수개월의 움직임을 보여주는 중기추세, 그리고 수년 동안의 움직임을 보여주는 장기추세로 구성됩니다. 그런데 다우는 단기추세는 무시하고 중기추세를 이용해서 장기추세를 확인하려고 하였습니다.

장기추세는 세 개의 국면을 가진다

다우이론에 의하면 장기추세는 세 개의 국면으로 구성됩니다. 첫 번째 국면은 경기회복과 경기의 장기 성장을 기대하는 투자자들에 의해 공격적인 매수세가 나타나는 국면입니다. 이 국면에서 대부분의 투자자는 투자의욕이 생기지 않는 암울한 상태에 있으며 경기회복은 거의 기대하기 어려운 상황입니다. 이때 공격적인 매수자들은 시장을 비관하는 매도자들에게서 매수를 시작합니다.

두 번째 국면에서는 경기 상황이 좋아지고 소득이 증가하기 시작합니다. 경기 개선과 함께 투자자들이 서서히 매수를 시작하는 국면입니다.

세 번째 국면에서는 소득과 경기상태가 호조를 보입니다. 지난 첫 번째 국면의 상황을 잊은 대다수의 일반투자자들이 주식시장을 아주 좋게 보며 지속상승을 확신하는 국면입니다. 그 결과 주식 매수가 더욱 확대되고 심지어 과열현상도 보입니다. 이 시기에 첫 번째 국면에서 공격적인 매수를 하던 일부 투자자들은 하락 전환을 예상하며 보유주식을 처분하기 시작합니다.

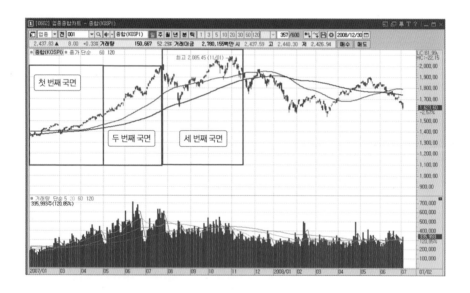

거래량은 추세를 확인시킨다

다우는 주가차트에서 발생되는 신호를 확인하기 위해 중요한 지표가 되는 것이 거래량이라고 했습니다. 즉, 거래량은 주요 추세의 방향을 확대시킨 것이라고 보았습니다. 만약 주요 추세가 상승이라면 주가가 높아짐으로써 거래량은 증가하고 주가가 하락함으로써 거래량은 감소합니다. 반대로 주요 추세가 하락이라면 주가가 하락함으로써 거래량은 증가하고 주가가 상승함으로써 거래량은 감소한다고 설명합니다. 거래량은 주가와 더불어 매우 중요한 요소입니다.

추세는 명확한 반전신호를 보일 때까지 변하지 않는다

상승추세란 고점도 점차 높아지고 저점도 따라서 높아지는 추세를 말합니다. 이러한 상승추세가 반전되려면 고점과 저점 가운데 하나는 낮아져야 합니다. 반대로 하락추세란 고점도 점점 낮아지고 저점도 점점 낮아지는 추세를 말합니다. 이 하락추세가 반전되려면 고점과 저점 가운데 하나는 높아져야 추세의 반전이라 할 수가 있습니다.

평균치는 각각을 확인해야 한다

다우는 추세의 확인을 위해 의미 있는 강세시장 혹은 약세시장의 전환신호에서 두 평균이 동일한 신호를 보이지 않으면 유효성이 없다고 했습니다. 즉, 시장이 강세로 전환되기 위해서는 이전의 고점이 다소 시간 차이는 있더라도 같이 돌파되어야 한다는 것입니다. 만약 이 두 평균치가 다른 기울기를 보인다면 서로 간에 이전 추세가 아직 유효하다고 봅니다.

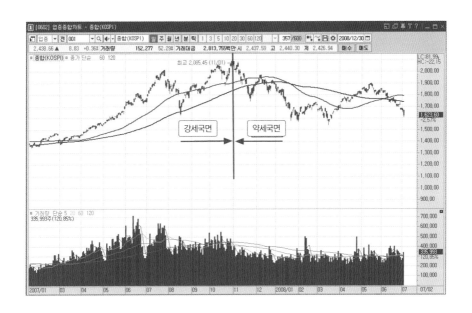

앞에서 살펴본 바와 같이 다우이론에서는 주가의 추세를 단기추세, 중기추세, 장기추세로 구분하고 단기추세는 주가의 1일 변동을, 중기추세는 몇 개월간의 시장의 추세를, 그리고 장기추세는 몇 년 동안 계속되는 추세를 말합니다. 이때 단기추세는 무시하고 중기추세를 관찰하여 장기추세의 흐름을 찾아내는 방법이 있습니다.

장기추세를 찾아내는 방법은 다음과 같습니다.

1 새로운 중기추세의 최고점이 장기추세의 최고점을 갱신하지 못하면 주식시장은 약세국면에 접어들었다는 신호입니다.
2 새로운 중기추세의 최저점이 이전의 장기추세의 최저점보다 높아지면 장기추세는 상승국면에 접어들어 강세장이 진행됨을 나타내주는 신호입니다.

장기추세를 찾아내는 이러한 방법을 통하여 그 추세의 진행과정을 설명하였습니다. 다우이론에 의하면 강세시장은 매집국면, 상승국면, 과열국면으로 나눌 수 있고 약세시장은 분산국면, 공포국면, 침체국면으로 나눌 수 있습니다.

이 장기추세의 진행과정을 그림으로 살펴보면 다음과 같습니다.

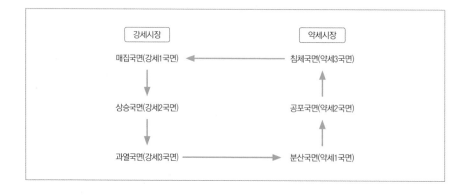

그럼 강세시장과 약세시장의 각 국면별 특징을 살펴보겠습니다.

강세시장의 3국면

매집국면 ｜ 강세시장의 초기단계입니다. 전체 경제와 시장여건이 불리한 상황으로, 주가가 수평적으로 움직입니다. 기업환경이 회복되지 못하여 장래에 대한 전망이 어둡다는 특징이 있습니다. 경제지표에 실망한 다수의 투자자는 오랫동안 지속된 약세시장에 지쳐서 매수자만 나타나면 매도해버리려고 합니다. 그러나 전문투자자들이 일반투자자들의 실망매물을 매입하려는 활동을 함으로써 거래량은 약간씩 증가합니다.

상승국면 ｜ 주가가 지속적으로 상승하는 국면입니다. 경제지표와 같은 통계수치가 호전되면서 일반투자자들의 투자심리가 개선되어 주가가 상승하고 거래량도 증가합니다. 이 국면에서는 기술적 분석에 따라 주식투자를 하는 사람이 가장 많은 투자수익을 올릴 수 있습니다. 왜냐하면 시장이 추세를 가지고 움직이기 때문입니다.

과열국면 ｜ 상승국면에서 많은 일반투자자들이 시장에 군집하여 거래를 하기 때문에 주가가 지나치게 상승하여 과열국면을 보입니다. 이 국면에서는 전체 경제와 기업수익 등이 호조를 보이면서 유상증자가 많아지고 이에 따라 거래량이 급격하게 증가하는 현상을 보입니다. 일반적으로 주식투자에 경험이 없는 사람들은 이때 확신을 가지고 적극 매수에 나서는데 이때의 매수자는 흔히 손해를 볼 수 있기 때문에 각별히 조심해야 할 시점입니다.

약세시장의 3국면

분산국면 ｜ 과열국면에서 시장의 과열을 감지한 전문투자자가 경제활동 둔화에 대비하기 위해 보유하고 있는 주식을 점진적으로 처분하는 국면입니다. 분산국면에 접어들면 추세선의 기울기가 점점 완만해지고 주가가 조금만 하락해도 거래량이 증가하는 현상을 보입니다. 이때 거래량이 늘어나는 이유는 그동안 주가의 상승으로 추격매수를 하지 못했던 일반투자자들이 시장의 조정을 통해 매수에 나서기 때문입니다.

공포국면 | 공포국면에서는 일반투자자의 매수세력이 크게 위축되고, 매도세력이 늘어나면서 주가가 크게 하락합니다. 이 국면에서는 경제지표 등 통계수치가 점차 나빠짐에 따라 일반투자자들이 보유하고 있는 주식을 처분하기 때문에 거래량이 크게 줄고 주가도 급락하는 모습을 보입니다. 하지만 공포국면에서도 개인투자자들이 자신감을 갖는 이유는 주가하락 시 물타기전략에 나설 의향이 있다는 것을 반증해줍니다.

침체국면 | 추세선이 하향하는 기울기가 매우 완만해지지만 매도세력이 여전히 시장을 지배하고 있기 때문에 주가가 크게 하락하거나 상승하지 않는 침체상태를 보이는 국면입니다. 공포국면에서 미처 처분하지 못한 일반투자자들의 실망매물이 출회되기 때문에 손해를 무릅쓰고 싼값에 팔아버리는 투매현상이 나타나는 것이 특징입니다. 투매현상이 나타남에 따라 주가는 계속 하락하지만 시간이 경과할수록 주가의 낙폭이 작아집니다.

그런데 이렇게 각 국면을 살펴보다 보면 국면마다 전문투자자와 일반투자자의 행동양식이 다르다는 것을 알 수 있습니다. 이를 정리해보면 다음과 같습니다.

▼ 각 국면별 전문투자자와 일반투자자의 심리상태

시장국면 투자자	강세시장			약세시장		
	매집국면	상승국면	과열국면	분산국면	공포국면	침체국면
일반투자자	두려움	두려움	자신감	자신감	자신감	두려움
전문투자자	자신감	자신감	두려움	두려움	두려움	자신감
투자전략	–	점차 매도	매도	–	점차 매수	매수

표에서 알 수 있듯이 일반투자자들은 각 국면에서 전문투자자들과 다소 다른 심리상태를 보입니다. 시장에는 공포와 탐욕이 존재한다고 했던 것과 관련하여 보면 일반투자자들은 시장의 각 국면에서 공포와 탐욕의 상황에 빠져들고, 전문 투자자들은 일반투자자들과는 달리 비교적 장세분위기에 합당한 이성적인 투자 심리를 보인다고 볼 수 있습니다.

그랜빌은 다우이론을 통해서 다음과 같은 투자전략을 제시했습니다. 매수는 약세 2국면인 공포국면에서부터 점차적으로 시작해서 약세 3국면인 침체국면에서 완료해야 하고, 매도는 강세 2국면인 상승국면에서 점차적으로 시작해서 강세 3국면인 과열국면에서 완료해야 한다는 것입니다.

결국 다우이론을 통해서 우리는 장기추세가 상승국면에 있는지 하락국면에 있는지를 아는 것도 중요하지만 각 국면에서 일반투자자들이 극복해야 하는 심리 상태가 어떤 것인지를 아는 것이 더 중요합니다.

하지만 다우이론도 완전한 것은 아닙니다. 그렇다면 다우이론은 어떠한 한계 점을 가지고 있는지 간단히 알아보겠습니다.

1 추세반전이 너무 늦게 확인되기 때문에 실제 투자활동에 그다지 도움이 되지 않는다는 것입니다. 즉, 주가의 흐름이 상당 기간 진행된 후에 비로소 시장의 약세와 강세를 확인할 수 있기 때문에 매매시점 포착이 상당히 늦어질 수 있다는 단점이 있습니다.

2 다우이론은 분석자의 능력이나 경험에 따라 달라질 수 있기 때문에 하나의 결론을 가지고 다양한 해석이 가능해져 정반대의 결과를 도출할 수 있다는 단점이 있습니다.

3 다우이론은 주로 장기추세에 역점을 둠으로써 중기추세를 이용하고자 하는 투자자에게는 별로 유용성이 없습니다. 따라서 중기 투자전략에는 결정적인

역할을 하지 못하고 중기추세의 흐름은 장기추세를 확인하는 보조적인 역할에 그친다는 한계가 있습니다.

4 다우이론은 평균적인 주가 흐름을 파악하는 데는 도움이 되지만 위험을 고려하고 있지 않기 때문에 포트폴리오를 위한 어떠한 정보도 얻을 수 없다는 것이 결정적인 단점입니다.

이와 같이 다우이론은 대표적인 기술적 분석도구이므로 기술적 분석의 단점들을 고스란히 가지고 있습니다. 하지만 앞에서도 살펴보았듯이 투자자는 각 국면에서 나타나는 사람들의 심리적 압박감을 어떻게 극복할 것인지를 풀어내야 합니다.

과거 우리나라의 주가동향을 통해서 다우이론에 따른 각 국면을 판단해보겠습니다. 2000년대에는 외환위기의 후유증과 카드버블, 그리고 글로벌 금융위기 등으로 변동이 컸습니다. 따라서 여기서는 순전히 경기동향에 의해 움직였던 1990년대의 종합주가지수의 움직임을 통해 알아보겠습니다. 다음 그래프가 바로 다우이론으로 추정해본 각각의 국면들입니다.

02

코스톨라니의 달걀과 시장심리

주식이 많은가,
바보가 많은가

미국에 워런 버핏Warren E. Buffett이 있다면 유럽에는 앙드레 코스톨라니Andre Kostolany가 있습니다. 코스톨라니는 헝가리 출신의 유대인으로, 평생 전업투자자로 살면서 막대한 부를 쌓았습니다. 그가 남긴 9권의 저서에는 "제대로 된 투자자는 사고하는 인간"이라는 말이 있습니다. 투자의 세계는 인간의 탐욕과 공포가 어우러진 세계입니다. 탐욕과 공포를 이겨내지 못하는 사람들은 이런 투자의 세계에서 결코 승리할 수 없다는 의미입니다.

코스톨라니가 주식을 처음 배울 때의 유명한 일화가 있습니다. 그가 투자의 고수에게 주식을 살 때와 팔 때를 묻자 투자의 고수는 이렇게 말했다고 합니다. "주식시장에 주식이 많은지 바보가 많은지를 살펴보면 된다. 주식보다 바보가 많으면 팔고 바보보다 주식이 많으면 사면 된다." 참으로 새겨둘 만한 말입니다.

심리에 따라 주가가 결정됩니다

코스톨라니의 견해는 대중들의 심리에 따라 주식시장에서 수요와 공급이 결정되고 결국 수요가 공급을 압도해야 주가가 오른다는 것인데, 이러한 그의 견해를 가장 명료하게 보여주는 것이 그 유명한 코스톨라니의 달걀입니다.

코스톨라니의 달걀은 다음 그림에서와 같이 모두 6단계로 이루어져 있습니다.

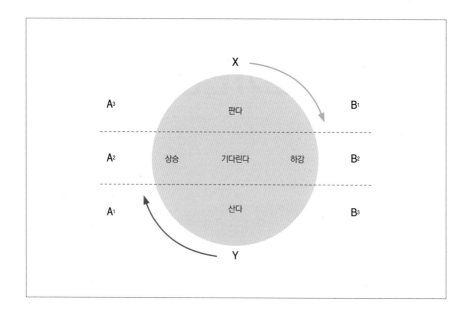

A단계는 상승국면을 말합니다. A1단계는 수정국면으로 거래량도 적고 주식 소유자의 수도 적은 단계입니다. A2단계는 동행국면으로 거래량과 주식소유자의 수가 증가하기 시작하는 단계입니다. A3단계는 과장국면입니다. 거래량이 폭증하고 주식소유자 수도 더욱 많아지는 단계입니다. A3단계를 정점으로 지수는 하락하는 모습을 보이는데 여기서 거래량이 감소하고 주식소유자의 수가 줄어드는 하락국면으로 들어갑니다.

B국면은 약세국면을 말합니다. 먼저 수정국면인 B1단계가 시작됩니다. 그 다음으로 동행국면인 B2단계와 과장국면인 B3단계가 진행되는데 B2에서는 거래량 증가와 주식소유자 감소, B3에서는 거래량 폭증과 주식소유자 감소 지속 현상이 나타납니다.

말하자면 주식시장은 A1→A2→A3단계로 가면서 지수가 상승하고 A3을 정점으로 지수가 하락단계로 접어들어 B1→B2→B3단계를 지난다는 것입니다.

한편 각 국면으로 이전될 때 매매 대응전략을 살펴보면 다음과 같습니다.

1 A1국면과 B3국면에서 매수합니다. 이때는 주식시장이 바닥을 형성하는 때입니다.

2 A2국면에서는 기다리거나 가지고 있는 주식을 계속 보유합니다. 이때는 주가가 추세를 가지고 상승하는 때입니다.

3 A3국면과 B1국면에서 매도합니다. 특히 A3국면에서는 흥분한 개인투자자들이 모여드는 때로 다우이론의 과열국면과 비교할 수 있습니다.

4 B2국면에서는 주식을 매도한 후 기다리거나 현금을 보유합니다.

결국 코스톨라니의 달걀 모형을 통해서 보면 총 6부분 가운데 전체의 1/3은 대중과 같은 방향으로 움직이고 나머지 2/3는 대중과 반대의 방향으로 움직일 것을 권하고 있음을 알 수 있습니다. 앞에서 배운 다우이론과 코스톨라니의 이론을 비교해봅시다.

▼ 다우이론과 코스톨라니 달걀의 전략 비교

시장국면	강세시장(A)			약세시장(B)		
	매집국면(A1)	상승국면(A2)	과열국면(A3)	분산국면(B1)	공포국면(B2)	침체국면(B3)
다우	–	점차 매도	매도	–	점차 매수	매수
코스톨라니	매수	보유	매도	매도	현금 보유	매수

앙드레 코스톨라니는 코스톨라니의 달걀이라는 투자모델을 통해 사람들이 왜 주가가 정점에 있을 때 주식을 사들이고, 주가가 바닥에 닿을 때 주식을 파는지 설명해주고 있습니다.

금리 변화에 따라 투자를 결정하세요

코스톨라니의 전략을 금리동향과 결합해서 논의를 발전시킬 수 있습니다. 그렇게 되면 주식시장에서의 매수와 매도뿐 아니라 자산 배분전략도 세울 수 있습니다. 그럼 코스톨라니의 달걀 모델을 금리에 적용하면 금리변화에 따라 어떻게 투자 결정이 달라지는지 살펴보겠습니다.

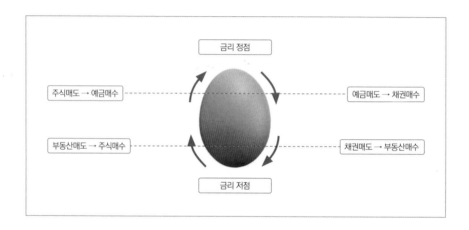

금리 정점 | 먼저 금리가 과열단계를 넘어 정점에 이르면 서서히 경기 연착륙, 경착륙에 대한 논쟁이 시작되고 장기 금리가 하락합니다. 통화당국은 금리 인하를 고려하기 시작하지만, 이때 예금에 투자된 자금들은 그동안 보장받았던 안전한 수익이 작아지면서 더 이상 수익을 유지하기 어려워 다른 안전자산을 찾아 나섭니다.

예금매도 → 채권매수 | 금리가 하락하는 국면에서는 예금보다는 약간 불안하지만 그래도 비교적 안전하고 금리 인하에 영향을 받지 않는 확정금리채권에 투자가 많아집니다. 이때 채권은 채권에 표시된 표면금리만큼의 이자율을 보장받기 때문에 금리가 하락하더라도 이자를 챙길 수 있고 시중금리가 하락하면 채권가격이 상승해서 시세차익도 얻을 수 있습니다.

채권매도 → 부동산매수 ┃ 금리 하락이 가속화되어 균형 금리를 지나 금리가 저점 국면의 바닥에 접근하면 채권투자의 매력도 점점 더 떨어지게 됩니다. 이때는 금리 바닥을 인식한 채권시장에서 채권투자 수익률이 서서히 마이너스로 돌아서기 시작합니다. 하지만 채권의 매력이 감소했다고 얼른 예금으로 전환하기도 쉽지 않습니다. 낮은 금리에 예금을 맡기는 것도 세금이나 인플레를 감안하면 이익은 커녕 오히려 손해를 볼 수 있기 때문입니다. 따라서 실물자산, 즉 부동산 쪽으로 자금이 움직이기 시작합니다. 이때 부동산은 시세차익을 얻을 목적으로 투자하는 사람들이 늘어나고, 워낙 금리가 낮은 수준이라 부동산 임대수입을 통해 수익률을 높이려는 사람들도 점차 많아지게 됩니다.

부동산매도 → 주식매수 ┃ 금리가 바닥국면을 지나 서서히 상승하기 시작하면 부동산에 투자한 사람들은 그동안 매수한 부동산을 시장에 내놓고 임대소득 외에도 상당한 규모의 시세차익을 거두게 됩니다. 그리고 그 자금은 주식시장으로 이동하기 시작합니다.

주식매도 → 예금매수 ┃ 한번 주식시장으로 이동한 자금은 그 규모가 커서 시장에 들어오면 우량주의 상승이 이루어집니다. 주가가 오르고 부의 효과로 시중에 돈이 풀리면 경기는 과열되고 각종 경제지표들이 장밋빛 일색으로 바뀝니다. 그러면 금융당국의 금리 인상은 막바지에 이르고 금리동향도 천정권에 진입하는 국면이 됩니다. 이때 자금은 다시 주식을 팔고 안전한 예금으로 이동합니다.

이렇듯 금리동향을 코스톨라니의 달걀에 적용해서 자산 간의 이동을 설명하면 각각의 국면에서 어떤 투자를 해야 하는지 쉽게 이해할 수 있고, 투자 방향을 가늠하고 실행하는데 큰 도움이 됩니다.

헉? 이럴라가 없어!

시장심리 위에서 균형을 잡으세요

그렇다면 다우이론과 코스톨라니의 달걀에는 어떤 차이가 있을까요? 다우가 살았던 1900년 전후에는 월가의 공매도를 중심으로 한 투기가 성행하던 시기였습니다. 이때는 정보비대칭이 너무도 커서 일반인들은 거의 수익을 얻을 수 없었습니다. 그래서 다우는 주식시장의 추세가 흘러가는 과정에서 전문투자자와 일반투자자들의 심리가 서로 상반되게 움직인다는 것을 말해줌으로써 일반투자자들이 매번 돈을 잃는 이유를 설명해주고 있습니다.

이에 반해 코스톨라니는 유럽시장에서 다우 이후 일반인과 같이 행동해야 하는 시기와 다르게 행동해야 하는 시기를 구분해주는 친절함을 보여줍니다. 왜냐하면 그의 생각에 바보들이 시세를 올려주는 시기에는 그 시세에 편승해서 수익을 극대화시키는 전략도 필요하기 때문입니다.

주식시장에서 추세분석은 시장의 큰 흐름을 보여줍니다. 하지만 이들은 상호연관성을 가지면서 지금의 이론으로 발전되었고 지금 우리는 그들의 시각을 정리함으로써 때로는 일반인과 다르게 또 때로는 그들과 같게 행동하며 시장에서 올바른 의사결정을 할 수 있습니다. 또한 그 시장 속에서 어떤 투자대상에 의사결정을 해야 하는지를 생각해야 할 것입니다.

월가의 유명한 격언 가운데 '강세장은 비관 속에서 태어나 회의 속에 자라고 낙관 속에서 성숙하여 행복감 속에 사라진다'는 말이 있습니다. 이 격언은 모든 사람들이 비관적일 때 강세장은 시작되어서 '설마' 하는 생각을 하는 가운데 상승세를 타고 모두가 환호할 때 그 장이 마무리된다는 의미입니다. 시장은 사람을 공포스럽게도 하고 또 탐욕스럽게도 합니다. 현명한 투자자가 되려면 시장이 만들어가는 그 심리적 압박을 잘 이겨내는 지혜를 길러야 합니다.

03

또 다른 추세 엘리어트와 카오스

시장의 큰 흐름과
윤곽을 잡아라

1938년 《파동의 원리》라는 책을 통해서 엘리어트 파동이론이 세상에 알려졌습니다. 하지만 이때 엘리어트R. N. Elliott는 이미 이 세상 사람이 아니었고 이 이론은 찰스 콜린스Charles J. Collins에 의해 세상에 소개되었습니다.

엘리어트 파동이론은 주가는 연속적인 파동에 의해 상승하고 하락하면서 사이클을 형성하여 끝없이 순환한다는 가격순환법칙입니다. 엘리어트 파동이론에는 몇 가지 기본적인 개념이 있습니다. 그 개념들을 간단하게 살펴봅시다.

1 작용은 반작용을 유발합니다.
2 주요 추세는 5개 충격파동과 3개의 조정파동으로 구성됩니다.
3 8개 파동을 한 사이클로 보며 이 사이클은 다시 한 단계 높은 5개의 충격파동과 3개의 조정파동으로 구성됩니다.
4 이 기본적인 상승 5파 하락 3파의 패턴은 시간을 아무리 확대시켜도 끊임없이 계속됩니다.

이를 간단한 그림을 통해 살펴보면 다음과 같습니다.

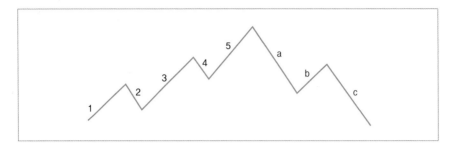

엘리어트 파동은 충격파동과 조정파동을 거듭하는 작용-반작용의 모습을 보입니다. 이때 충격파동이란 상승추세에서 상승세를 나타내는 파동으로 그림에서와 같이 1 - 3 - 5파를 '충격파동'이라고 합니다. 반대로 상승추세에서 하락세를 보이는 2 - 4파는 '조정파동'이라고 합니다. 마찬가지로 하락세에 있을 때 a - c파는 충격파동이고 나머지 b파는 조정파동이라고 합니다. 이렇게 엘리어트 파동의 한 주기는 상승 5파 하락 3파로 이루어져 있습니다.

그리고 큰 충격파동은 다시 작은 5파로 구성되어 있으며 큰 조정파동은 다시 작은 3파로 구성되어 있습니다. 이를 상승파동을 이용하여 그림으로 살펴보면 다음과 같습니다.

▼ 큰 충격파동과 작은 충격파동의 관계

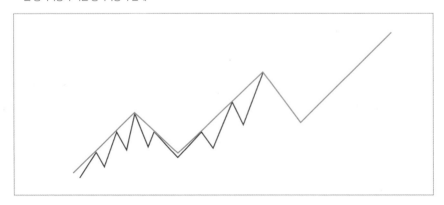

상승파동

상승 1파 5개의 충격파동으로 파동 가운데 가장 짧습니다. 장기 하락추세 이후 나타나므로 단순한 반등으로 취급하기 쉽습니다.

상승 2파 상승 2파는 조정파동으로, 3개의 파동으로 구성됩니다. 보통 1번 파동의 38.2% 혹은 61.8% 비율만큼 되돌리는데 1번 파동을 100% 되돌리면 현재의 추세가 전환되는 것이 아니고 기존 하락추세가 계속되는 것으로 봅니다.

상승 3파 상승 3파는 충격파동으로 5개의 파동으로 구성되며 보통 상승 5파 가운데 가장 긴 파동입니다. 간혹 5파가 3파보다 길 수도 있으나 3번 파동이 5개 파동 가운데 가장 짧을 수는 없습니다. 3번 파동에서 갭이 주로 발생하는데 이때의 갭은 돌파갭이나 급진갭입니다. 3번 파동은 1번 파동의 1.618배만큼 상승하는 것이 보통입니다.

상승 4파 상승 4파는 조정파동으로 3개의 파동으로 구성되며 3번 파동의 38.2% 정도 되돌리는 게 보통입니다. 주의할 점은 4번 파동의 저점은 1번 파동의 고점과 겹칠 수 없고 반드시 1번 파동의 고점보다 높아야 합니다. 또 4번 파동은 2번 파동과 함께 조정파동으로 조정의 형태가 지그재그나 플랫폼으로 번갈아 나타나는데, 흔히 4번 파동은 삼각형 패턴을 취합니다.

상승 5파 상승 5파는 충격파동으로 추세의 마지막 국면에서 나타납니다. 간혹 3번 파동보다 길이가 길 수 있으나 거래량은 3번 파동보다 적습니다. 5번 파동의 길이는 대체로 1번 파동의 길이와 같거나 1번 파동 길이의 0.618배, 그리고 1번에서 3번 파동 길이의 61.8%만큼 형성되는 경우가 많습니다. 5번 파동에서도 갭이 나타나는데, 이때의 갭은 주가의 급격한 상승에 뒤이어 하락이 발생할 때 나타나는 소멸갭입니다.

하락파동

하락 A파 | 하락 A파는 하락추세의 충격파동으로, 5개 파동으로 구성됩니다. 만약 A파가 3개 파동으로 구성되면 이것은 하락 A파가 아니라 상승 5파가 연장되어 진행 중인 것으로 봅니다.

하락 B파 | 하락 B파는 하락추세의 조정파동으로, 3개 파동으로 구성됩니다. 이때 B파는 상승파동 가운데 매수한 주식의 마지막 매도기회로 봅니다. 통상 하락 A파의 고점을 돌파하지 못합니다.

하락 C파 | 하락 C파는 하락추세의 충격파동으로, 5개 파동으로 구성되며 상승 5파의 3파와 같이 그 영향력도 대단히 큽니다. 흔히 주식시장의 장기간 하락추세 후 투매현상이 나타나는 국면으로 보면 됩니다.

엘리어트 파동의 이론가들은 피보나치급수라는 것을 접목시켜 파동의 목표치를 계산할 수 있도록 하였습니다. 피보나치급수는 다음과 같이 이루어져 있습니다.

1, 1, 2, 3, 5, 8, 13, 21, 34, 55, 89, 144, 233, 377, 610, 987……

이 급수의 특징은 하나의 숫자는 앞의 두 숫자를 합하면 된다는 것입니다. 즉, 1+1=2, 1+2=3과 같은 식입니다. 또한 이 급수의 특징은 앞의 숫자가 뒤에 오는 숫자의 61.8% 수준이 되는데 예를 들면 55÷89=0.618이 됩니다. 또 뒤의 숫자로 앞의 숫자를 나눠보면 1.618배가 되는데 예를 들면 89÷55=1.618이 됩니다. 그리고 재미있는 것은 두 번째 뒤에 있는 숫자를 가지고 나누면 2.618배가 된다는 것입니다. 예를 들어 144÷55=2.168이 됩니다.

이때의 61.8%와 38.2%(1−0.618)를 일컬어 황금비율이라고 합니다. 황금비율은 예로부터 자연계의 가장 안정된 상태를 나타내는 것이라고 알려져 있으며, 수학·음악·미술·건축 등의 분야에서 매우 중요하게 다루어졌습니다. 우리들이 알고 있는 팔등신 미인이라는 것도 이러한 황금비율을 갖춘 이상적인 몸매를 가진 여인을 말하는 것입니다.

황금비율이 세상의 아름다움을 나타내주는 것이라면 주식시장에도 이러한 원리를 적용할 수 있지 않겠느냐는 생각에서 엘리어트 파동이론을 공부하는 사람들은 피보나치급수를 분석에 이용했습니다. 앞의 2번 파동은 1번 파동의 38.2% 또는 61.8%의 조정을 받고, 또 3번 파동은 1번 파동의 1.618배의 길이가 된다는 식으로 피보나치급수를 이용해서 목표치를 계산하는 방법을 제시하고 있습니다.

하지만 엘리어트 파동이론에 따르면 피보나치급수에서 제시하는 그 목표치와 조정폭이 정확히 지켜지지 않는 경우가 많습니다. 그래서 변종이 많은 파동이론으로 유명한데요. 따라서 몇 가지 절대불가침의 원칙만 지켜진다면 대체로 엘리어트 파동이론을 따른다고 봅니다. 그 절대불가침의 원칙은 다음과 같습니다.

1 2번 파동의 저점이 1번 파동의 저점보다 반드시 높아야 합니다.
2 3번 파동이 제일 짧은 파동이 될 수 없습니다.
3 4번 파동의 저점은 1번 파동의 고점과 겹칠 수 없습니다.

한편 엘리어트 파동이론은 미래 주가의 목표치를 계산할 수 있는 유용성을 가지고 있음에도 불구하고 다음과 같은 한계점을 가지고 있습니다.

1 각 단계의 전환점을 확인하기가 어렵습니다.
2 투자자가 각 단계의 전환점을 파악했다 하더라도 그것이 시장의 주요 흐름을 반영하는 것인지, 세부적 흐름을 반영하는 것인지 구분하기가 어렵습니다.
3 한 파동이 어디서 끝나고 어디서 시작하는지를 알 길이 없습니다.
4 파동이 언제 올지 전혀 예측할 수 없습니다.
5 파동의 개념이 불명확하고 융통성이 너무 많습니다.

따라서 엘리어트 파동이론에는 변종이 너무 많고 자의적인 해석의 가능성도 너무 많은 것입니다.

카오스이론

모든 기술적 분석이 다 그렇듯이 엘리어트 파동이론도 상황에 맞게 해석을 해야 하는 그저 그런 하나의 이론으로 남을 뻔했습니다. 그런데 세간의 관심이 다시 엘리어트로 모이는 사건이 발생했고 그로 인해 발전한 이론이 바로 카오스Chaos 이론입니다.

1960년대 이후 기상학, 물리학, 화학, 인류학, 생물학 등 모든 학문 분야에 걸쳐 카오스를 연구하는 열풍이 불었습니다. 카오스는 혼돈의 상태를 말합니다. 카오스를 설명하기 위해서는 성경을 인용하지 않을 수 없습니다. 성경의 창세기에 보면 처음에 신이 빛과 어둠을 가르고, 하늘과 땅을 나누고, 또 땅과 바다를 가르는 등 천지를 창조한 작업에 대해서 설명을 하고 있습니다. 카오스를 설명하는 사람들은 이러한 과정이 바로 세상에 질서를 잡아가는 과정으로 이해하고 있습니다.

그러면 카오스는 어떠한 상태를 일컫는 것일까요? 카오스는 바로 창세기 이전의 상태, 즉 세상에 질서가 잡히기 이전의 상태를 말합니다. 그 상태는 지극히 무질서하고 혼란스럽기 그지없는 세상일 것입니다. 하지만 그 무질서한 상태에서도 세상을 움직이는 질서가 있다고 보는데 바로 그 원리를 찾아가는 것이 카오스를 이해하는 것입니다.

카오스는 실로 대단히 다양한 분야에서 연구되고 있습니다. 그 연구들의 내용을 통해서 보면 카오스 구조는 대체로 다음과 같은 특성들을 가지고 있다고 봅니다.

초기값 민감성 카오스의 동적 구조는 초기값에 매우 민감하게 반응을 합니다. 출발점에서는 아주 미세한 차이에 지나지 않지만 시간이 지남에 따라 매우 상이한 양태의 동적 구조가 만들어진다는 것입니다. 이는 만약 카오스의 구조가 있다면 단기적인 예측은 가능하지만 중장기적인 예측은 불가능함을 말하는 것인데 이러한 원리는 1960년대 미국의 기상학자인 로렌츠Edward N. Lorenz에 의해 발견되었습니다. 만약 우리가 카오스를 정확하게 이해한다면 기상대에서 전해주는 기상 예보가 중장기적으로는 맞지 않는 상태를 이해할 수 있을 것입니다.

주기배가성 카오스의 동적 구조는 초기값에 매우 민감할 뿐 아니라 그것이 전달되는 과정에서 주기가 배가되는 특성을 가지고 있습니다. 따라서 베이징에서 나비가 날갯짓을 하면 미국에서는 토네이도가 불어닥친다는 사실이 설명되는 셈입니다. 주기배가성은 처음에는 미미한 사건이 그 결과로 나타날 때는 아무도 상상할 수 없는 엄청난 결과로 나타난다는 것을 보여줍니다.

자기유사성 자기유사성이란 부분의 모습이 전체의 모습과 유사한 성질을 갖는 것을 말합니다. 이 자기유사성의 예는 우리 주변에서 너무나도 많이 발견할 수 있습니다. 예를 들어 소나무 숲의 전체 모습은 소나무를 닮았고 소나무 가지를 하나

꺾어보면 그 속에 소나무의 모습이 남아 있는 것과 같습니다. 또 사회적인 현상으로 볼 때 우리나라 대학생들 전체를 놓고 보면 공부 잘하는 학생들과 중간 정도의 학생들 그리고 놀기만 하는 학생들이 있습니다. 그런데 이를 학교별로 쪼개어 보면 공부 잘하는 아이들이 들어간 학교에도 공부를 잘하는 학생들이 있고 중간 정도의 성적을 보이는 학생들이 있으며 그 안에도 놀기만 하는 학생들이 있습니다. 반대로 공부를 잘 못하는 아이들이 들어가는 학교를 대상으로 살펴보아도 마찬가지입니다. 이러한 사실은 자기유사성을 명확하게 보여주는 증거가 아닌가 생각됩니다. 이밖에도 카오스의 동적 구조를 나타내는 상태는 많이 있습니다.

1980년대부터 미국의 주식시장에서도 이러한 카오스 구조가 있는지에 대해 많은 연구들이 이루어졌습니다. 실제로 1987년에 있었던 블랙먼데이도 아주 미세한 요인이 원인이 되어 다우지수가 22%가량 폭락하는 현상을 보이며 시장에 카오스 구조가 존재하는 것이 아닌가 하는 생각을 갖게 만들었습니다. 만약 주식시장에 카오스 구조가 존재한다면 그 원리를 이용하여 수익을 낼 수 있다고 생각했던 것입니다. 하지만 지금까지의 연구 결과로 보면 외환시장에는 미약하게 카오스 구조가 존재하지만 주식시장에도 카오스 구조가 존재하는지 아직 의심이 가는 부분이 많습니다. 우리나라에서도 자본시장에 존재할지도 모를 카오스 구조를 밝혀내기 위해 몇몇 사람들이 연구를 계속하고 있습니다.

이렇게 카오스이론이 자본시장에까지 퍼지자 제일 흥분한 사람들이 바로 엘리어트 파동이론의 분석가들이었습니다. 엘리어트 파동이 바로 카오스의 원리를 함축하고 있다는 것입니다.

엘리어트 파동은 초기 파동이 시작되면 상승 5파 하락 3파의 주기가 생겨나고 또 그 과정에서 주기배가성이 개입될 여지가 큽니다. 무엇보다도 충격파동과 조정파동은 큰 파동 안에 작은 파동이 존재하고 작은 파동 안에는 더 작은 파동들로 구성되어 있어 자기유사성도 명확하게 존재하기 때문입니다. 실제로 현재 많은 사람이 엘리어트 파동과 카오스와의 관계를 설명하기 위해 여러 연구를 하고 있습니다. 하지만 아직 이렇다 할 연구 결과가 나온 것은 아닙니다.

주식시장에는 많은 부분에서 매우 카오스적인 현상이 종종 보입니다. 우리 시장에서도 아주 미세한 요인에 의해 주가가 움직이는 모습을 볼 수 있습니다. 만약 시장이 이렇게 카오스 구조를 가지고 있다면 그 안에서 시장을 중장기적으로 예측하는 것 자체가 매우 무의미해질 것입니다. 마치 기상학자들이 중장기 기상예보를 할 수 없듯이 말입니다.

실제로 주가라는 것은 불규칙 보행을 한다고 합니다. 작은 충격에도 크게 출렁이는 시장을 보면 실로 무서움을 느끼지 않을 수 없습니다. 한없이 잔잔할 것만 같던 시장이 무서운 파도가 일렁이듯 움직이면 시장은 모든 투자자를 위험의 도가니로 몰아넣는 괴력을 가질 수 있습니다. 우리가 그 원리를 정확하게 알아서 마치 파도타기 선수가 파도에 몸을 싣고 균형을 잡듯이 시장에 적응해나가지 못한다면 파도에 휩쓸려 목숨을 잃는 것과 같은 위험한 순간을 맞이하게 될 것입니다. 시장은 이렇게 혼란스러운 것입니다. 시장이 혼란스러울수록 우리는 더욱더 철저히 위험관리에 나서야 합니다.

HTS에서 피보나치 이용하기

HTS에서는 피보나치를 이용한 지지선과 저항선을 찾는 도구들이 있습니다. 바로 피보나치 조정대와 피보나치팬이라는 도구들입니다.

피보나치조정대는 0.236, 0.382, 0.500, 0.618 등의 비율로 구성되어 있습니다. 즉, 주가 상승폭 또는 하락폭의 23.6%, 38.2%, 50%, 61.8% 등이 중요한 지지/저항선이 됩니다. 다음은 피보나치조정대를 이용해서 실제로 지지/저항선을 그려본 것입니다.

피보나치저항대를 이용해서 주가의 저점과 고점을 연결하면 앞서 살펴본 비율대가 자동으로 형성되고 그것을 이용해서 지지선과 저항선을 살펴볼 수 있습니다.

피보나치저항대와 비슷한 것이 바로 피보나치팬입니다. 피보나치팬은 단순히 지지선과 저항선을 수평으로 그린 것에 그치지 않고 부채살 모양의 지지/저항선을 같이 보여준다는 차이점이 있습니다.

특히 피보나치저항대는 단기적인 매매에도 사용될 수 있지만, 피보나치팬은 장기적인 추세대를 확인하는 용도로 사용되며 피보나치팬 라인의 돌파 여부에 따라서 추세의 지지 또는 추세의 전환으로 해석할 수 있습니다. 다만, 저점과 고점의 설정이 달라지면 결과치가 달라질 수 있으므로 추세를 가장 잘 보여주는 저점과 고점을 선택하는 것이 중요합니다.

다음은 피보나치팬 라인을 이용한 추세 확인을 예로 살펴본 것입니다.

상승/하락종목 수로 시장을 판단하세요

ADL

ADLAdvance Decline Line: 등락주선은 시장의 내부세력을 측정하는 데 있어서 가장 널리 사용되고 있는 중요한 시장분석지표 중 하나로, 주가가 대세 상승에 있는지 대세 하락에 있는지를 판단하는 데 이용됩니다. ADL은 상승종목 수에서 하락종목 수를 빼서 그 값을 누적시켜 그림으로 그린 선입니다.

종합주가지수가 상승세를 보이고 있다 하더라도 상승종목 수가 감소하면 지수 상승에도 불구하고 시장의 내부세력이 약화되고 있다는 것을 말해줍니다. 반대로 종합주가지수가 하락세를 보이고 있더라도 상승종목 수가 오히려 증가하면 시장의 내부세력이 강화되고 있다는 것을 말해줍니다. 일반적으로 ADL은 주가의 선행지표로 인식되는데 주가와의 관계를 따져보면 다음과 같습니다.

1 종합주가지수가 상승하고 있는 중이라도 ADL이 하락하고 있다면 주가는 곧 하락세로 전환합니다. 반대로 종합주가지수가 하락하고 있을지라도 ADL이 상승하고 있다면 주가는 곧 상승세로 전환합니다.

2 종합주가지수가 ADL과 함께 상승하는 경우에는 시장의 기조가 매우 강함을 보여줍니다. 반대로 종합주가지수가 ADL과 함께 하락하는 경우에는 시장의 기조가 매우 약함을 보여줍니다.

3 종합주가지수가 이전의 고가에 접근하고 ADL이 그 고가 당시의 수준 아래에 있는 경우 단기적인 약세가 예상됩니다. 반대로 종합주가지수가 이전의 고가에 접근하고 ADL이 그 고가 당시의 수준 위에 있는 경우 단기적인 강세가 예상됩니다.

4 종합주가지수가 이전의 저가에 근접하고 있는데 ADL이 그 저가 당시의 수준 보다 낮을 경우 앞으로 약세시장을 예상해볼 수 있습니다. 반대로 종합주가지 수가 이전의 저가에 근접하고 있는데 ADL이 그 저가 당시의 수준보다 높을 경우 시장은 강세국면으로의 전환을 예상해볼 수 있습니다.

ADL지표가 주가에 비해 선행하는 모습은 다음 차트를 통해 확인할 수 있습니다.

ADL의 단점은 바닥권을 찾는 지표로는 완전하지 못하다는 것입니다. 왜냐하 면 약세장의 말기에 가더라도 ADL의 하락세가 지속되는 경우가 종종 나타나기 때문입니다. 이런 단점을 보완하기 위해서 등락비율인 ADR^{Advance Decline Ratio}을 같 이 사용합니다.

ADR

ADR^{Advace Decline Ratio: 등락비율}은 ADL이 시세의 상승국면에서는 투자대상이 집중화 되는 경향이 있고 또 권리락이나 배당락 등이 수정되지 않는 결점을 보완하기 위하여 등락종목의 누계치가 아닌 비율로서 증권시장을 분석하고자 하는 지표입니다. ADR은 매일매일의 상승종목 수를 하락종목 수로 나누어 비율을 구하고 그것을 이동평균화하여 도표화합니다. 이 지표는 천정권 예측보다는 바닥권 탐색에 높은 신뢰성을 보입니다. ADL이 전체 시장의 대세를 판단하는 데 유용한 지표라면 ADR은 특정 시점에서의 시장상황을 나타냅니다.

ADR을 이용한 매매기법은 다음과 같습니다.

1 ADR지표가 125% 이상일 경우에는 과열상태로 경계를 요하는 시점으로, 매도관점으로 접근해야 합니다. 시세는 그 이후 반락하는 경우가 많습니다.

2 ADR지표가 75% 이하일 경우에는 시세가 바닥에 접근한 것으로, 매수관점으로 접근해야 합니다. 시세는 그 이후 상승 전환하는 경우가 많습니다.

3 ADR의 천정과 바닥은 주가의 천정과 바닥보다 선행하는 경향이 많습니다.

ADR 지표와 주가와의 관계는 다음 차트를 통해서 확인할 수 있습니다.

일광 씨의 Level UP 문제 풀이

주식시장은 분명히 경기가 반영되는 시장입니다. 경기 사이클은 매번 그 주기와 진폭이 다릅니다. 즉, 경기 주기별로 길이가 다르고 또 진폭의 크기도 다르게 나타나는 특징이 있습니다. 그러다 보니 이를 반영하는 주식시장도 매번 일률적으로 깨끗하게 정리되지 않는다는 것도 이해해야 합니다. 특히 2008년 금융위기 이후 전 세계 금융시장은 전례가 없을 정도로 엄청난 돈을 풀어놓아 일상적인 저금리, 저물가, 저성장이라는 새로운 정상New Normal을 경험하게 되었습니다. 이런 점을 감안해서 우리 시장을 다소 변형적이긴 하지만 다우이론의 각 국면에 맞게 설명해보겠습니다.

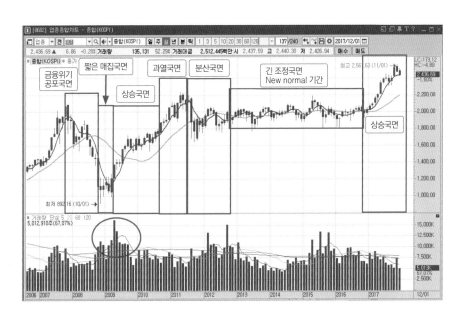

2007년에 발생한 미국발 금융위기는 전 세계 주식시장을 공포로 몰아넣었습니다. 그러나 곧바로 이어진 각국 중앙은행들의 양적완화로 인해 짧은 매집국면을 넘어 주가가 상승하는 모습을 보였습니다. 그리고는 주가상승이 가팔라지는 과열국면을 맞이했습니다. 그러나 그 이후 약세국면을 뚜렷이 보여주지 않고 있습니다. 오히려 분산국면을 지난 다음 긴 조정국면을 보이죠.

이런 현상은 금융시장의 붕괴를 막기 위해 미국과 유럽의 중앙은행이 상상을 초월할 정도의 자금을 시장에 공급했기 때문입니다. 역사적으로 찾아보기 힘든 사례가 나타났습니다. 그러다 보니 시장은 비정상적인 모습을 보이게 되었습니다.

다행히 큰 폭의 하락 없이 재차 상승국면을 맞이했지만, 본격적으로 경기상승이 뒷받침되는지를 확인해야 합니다. 금융위기 이후 우리가 다시 깨닫게 된 것은 주식시장은 기본적으로 경기를 반영하지만 유동성의 힘, 즉 돈의 힘으로 움직이기도 한다는 점입니다. 그래서 주식시장을 예측하는 것이 어렵다고들 말하는 것이죠.

오래 보면, 결국 주식시장은 경기순환을 따라간다는 것을 확인하게 될 것입니다.

응용문제 1

진주 씨는 엘리어트 파동이론을 공부하고 있습니다. 그런데 파동을 찾아내기가 쉽지 않아 매일 연습 중입니다. 처음에는 일봉 움직임보다는 주봉 움직임을 통해 보는 것이 나을 것 같아 포스코의 주봉으로 연습을 하려고 합니다. 앞 페이지의 차트를 통해서 진주 씨는 어떻게 파동을 그려낼까요? 독자 여러분도 같이 파동을 그려보시기 바랍니다.

Answer

엘리어트 파동이론은 상승 5파 하락 3파의 작용 – 반작용 운동을 찾아내는 것입니다. 그래서 많은 연습이 필요합니다. 그런데 앞에서 살펴본 바와 같이 엘리어트 파동이론에는 절대불가침의 원칙이 있습니다. 첫째, 2번 파동의 저점이 1번 파동의 저점보다 낮아서는 안 된다는 것, 둘째, 4번 파동의 저점이 2번 파동의 저점보다 더 낮아서는 안 된다는 것, 셋째, 3번 파동이 제일 짧은 파동이 되어서는 안 된다는 것입니다. 진주 씨는 다음과 같이 파동을 그려보았습니다. 여러분이 그려본 파동과 일치하나요?

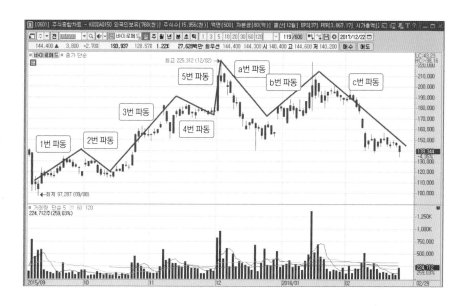

엘리어트 파동이론은 분석하는 사람들마다 모두 달라질 수 있습니다. 그러나 절대불가침의 원칙이 지켜지면 어떤 분석도 수용될 수 있습니다. 그래서 엘리어트 파동이론은 다분히 자의적인 해석이 가능하다고 할 수 있습니다.

응용문제 2

동화 씨는 최근 피보나치급수를 공부하고 있습니다. 피보나치급수의 61.8%, 38.2%, 1.618배, 2.168배 등의 숫자를 외우는 것만으로도 재미있습니다. 그런데 실제로 궁금한 것은 '과연 주가가 움직일 때도 이런 피보나치비율에 맞게 움직일까?'입니다. 그래서 사례를 가지고 따져보기로 했습니다. POSCO의 주가 차트를 이용해서 피보나치 비율에 의한 조정이 나타나는지를 확인해보기로 했습니다.

Answer

먼저 POSCO의 기간별 주가상승률부터 따져봐야 합니다. 주가상승률을 따져볼 때는 다음 차트와 같이 하시면 됩니다.

오른쪽 아이콘을 누르고 저점과 고점을 맞춰놓으면 됩니다. POSCO는 62일 동안 9만 7,000원이 상승해서 상승률은 38.2%에 이릅니다. 만약 POSCO가 조정에 들어간다면 먼저 상승폭의 38.2%, 50%, 61.8% 등의 조정이 예상됩니다.

상승폭의 38.2%는 97,000원 × 0.382 = 37,054원 이므로 25만 2,000원을 기준으로 본다면 일차적으로 21만 4,900원까지 조정이 예상됩니다.

상승폭의 50%는 97,000원 × 0.5 =48,500원이므로 25만 2,000원을 기준으로 본다면 2차적으로 20만 3,500원까지 조정이 예상됩니다.

상승폭의 61.8%는 97,0000 × 0.618 = 59,946원으로 25만 2,000원을 기준으로 본다면 3차적으로 19만 2,054원까지 조정이 예상됩니다.

이렇게 피보나치 비율을 통해서 조정폭을 예상해놓고 실제로 그렇게 이루어졌는지 차트를 통해 확인할 수 있습니다.

아래 차트에서 확인되는 바와 같이 대체로 피보나치조정대의 범위에서 주가가 움직이고 있음을 알 수 있습니다. 앞길을 전혀 모르는 것보다 합리적으로 조정이 가능한 가격대를 계산해서 목표를 정해놓으면 반등구간을 적절히 이용할 수 있다는 점을 기억해야 합니다.

그러나 주가는 무작위로 움직입니다. 그렇기 때문에 반드시 그 가격대를 지킨다고 확신할 수는 없습니다. 다만 그렇다고 해서 아무것도 하지 않고 투자를 할 수는 없으므로 부지런히 가격대를 계산해보시기 바랍니다.

07

수급분석과
종목 발굴 기법

수급분석 활용을 통해 가능성 있는 투자수익을 위한
현명한 투자 습관을 기릅니다.

"

수급분석은 종목 발굴뿐만 아니라
단기투자종목을 찾아내는 것에도
위력을 발휘합니다.

"

일광 씨의 GrowUP 문제

일광 씨는 주식시장에서 주가를 움직이는 요인 가운데 수급요인을 가장 중요하게 생각하고 있습니다. 주식시장 속설에 '수급은 모든 재료에 우선한다'는 말이 있기 때문입니다. 글로벌 금융위기 이후 주식시장의 가장 중요한 수급주체는 바로 외국인투자자입니다. 이들의 매매종목에 따라 주가 등락이 결정되는 경우가 많아졌습니다. 외국인투자자들이 가장 많이 산 종목이 무엇인지 알아보려면 어떻게 해야 할까요?

주요 증권사, "코스피 외국인 순매도 일시적 현상에 그칠 것"

– 글로벌펀드 한국 배분액은 0.7억 달러 유출되며 15주 만에 순유출 전환. 국내 증시의 외국인 수급 약화 원인. 지난 주 외국인은 KOSPI 6,019억 원 순매도(11월 23일 이후 2조 3,616억 원 순매도) 했다.

– 현재 나타나고 있는 외국인 순매도는 일시적인 차익 실현이라고 판단. 1) 전 세계 주식형펀드로의 자금 유입이 나타나고 2) KOSPI 기업 실적 전망치 상향 조정이 지속되며 3) 달러와 신흥국 통화가 안정적인 모습을 나타내고 있기 때문이다.

– 금융시장 변동성 확대에도 전 세계 주식형펀드 10주 연속 유입. 1) 구리가격 하락 2) 중동 정치적 불확실성 확대 등으로 금융시장의 변동성이 높아졌음에도 주식형펀드로의 자금 유입이 지속되었다는 점에 주목. 이는 글로벌 유동성이 여전히 위험 자산을 선호하고 있음을 시사한다.

– 지역별로 살펴보면 선진국 주식형펀드에 34.5억 달러 유입. 반면 신흥국 주식형펀드에서는 3.9억 달러 유출. 신흥국에 대한 우려감이 확대되었다기보다는 미국 세재개편안의 상원 통과에 따른 미국 주식에 대한 선호도가 높아진 영향이라고 평가한다.

01

수급주체와 집중적 매매업종 파악

수급에 따라
매매를 결정하라

"수급은 모든 재료에 우선한다"는 증시 격언은 실제로 시장에서 매매하는 사람들의 입장에서 보면 만고불변의 진리입니다. 관심이 있는 주식을 산다는 것은 당연한 일이며, 또 마음에 들지 않는 주식을 판다는 것도 당연한 일입니다.

주식시장의 수급주체를 보면 크게 개인, 외국인, 기관, 연기금 등으로 구별됩니다. 이들 가운데 개인은 시장을 주도하는 세력이 되지 못하고 결국 외국인투자자와 기관투자자들의 수급이 시장을 결정하는 수급요인이 됩니다. 하지만 이들 중에서도 어떤 때는 외국인이 주도하기도 하고, 또 다른 때는 기관이 주도하기도 합니다. 따라서 개인투자자는 현재의 시장이 외국인 주도의 시장인지 아니면 기관 주도의 시장인지를 파악하는 것이 중요합니다. 이는 투자자별 매매동향을 통해서 알아볼 수 있습니다.

수급주체가 집중하는 업종에 주목하세요

다음 화면을 통해서 보면 대체로 시장에 큰 영향을 미치는 수급주체는 외국인임을 알 수 있습니다. 왜냐하면 외국인이 매수하면 시장이 올라가고, 외국인이 매도하면 시장이 내려가는 것이 확인되기 때문입니다. 이렇게 시장 전체를 주도하는 수급주체를 파악하고 나면 그 주체들이 과연 어떤 업종에 매매를 집중하고 있는지를 알아봐야 합니다. 즉, 현재 수급주체가 가장 집중적으로 매매를 하고 있는 업종군을 파악하는 것입니다.

홈 → 주식 → 투자자별 매매 → 일별동향/그래프

외국인과 기관투자자들이 바스켓Basket매매를 하는 경우가 있습니다. 바스켓매매는 프로그램비차익거래와도 관련이 있습니다. 먼저 프로그램매매는 주문을 할 때 여러 종목을 동시에 주문할 수 있도록 프로그램화된 주문을 말합니다. 이때 바스켓매매란 한 번 주문할 때 동시에 주문이 행해지는 종목군을 말합니다. 이런 매매가 중요한 이유는 뭘까요? 외국인과 기관이 시장 전체를 매입하는 경우는 각 업종 간의 시가총액 비중에 맞춰서 매매가 이루어진다는 것이기 때문입니다. 따라서 업종별 매매동향을 파악할 때 전 업종에 걸쳐 고르게 매매가 이루어지는지 아니면 특정 업종에 집중적으로 매매가 이루어지는지를 확인해야 합니다.

업종명	개인	외국인	기관계	금융투자	보험	투신	기타금융	은행	연기금등	국가	기타법인
종합(KOSPI)	-4,592	+826	+3,746	+2,503	+476	+493	+7	-100	+46	+695	+45
대형주	-3,194	+124	+3,082	+2,284	+335	+389	+10	-112	-191	+690	+16
중형주	-864	+465	+370	+181	+48	+59	-6	+9	+105	+8	+26
소형주	-263	+193	+83	+13	+11	+15	+1	+7	+18	-14	-15
음식료업	-156	+54	+106	+45	-5	+12	0	+8	+29	+22	-4
섬유의복	+14	+19	-36	+3	+1	+3	0	0	-19	0	+2
종이목재	-1	0	+2	0	0	+1	0	0	+1	-1	-2
화학	-429	+96	+305	+247	+32	+58	+1	-4	-11	+32	+11
의약품	-387	+160	+282	+60	+41	+39	0	+4	+87	+13	-11
비금속광물	-12	+7	+3	+5	-2	+2	0	-3	+1	+1	+1
철강금속	-20	-13	+25	+54	+14	+32	+3	-2	-55	+10	+8
기계	-50	+9	+39	+21	0	-1	0	+5	+29	+4	+2
전기전자	-2,267	+628	+1,556	+888	+303	+115	+3	-56	+1	+326	+102
의료정밀	+3	+7	-10	-3	-2	-2	0	0	0	0	0
운수장비	-204	+32	+174	+153	+6	+25	0	+1	-28	+54	0
유통업	-162	+225	-58	+137	-56	-43	-1	-52	-84	+109	-5
전기가스업	-14	-31	+43	+35	0	+12	0	0	-1	+2	-1
건설업	+75	-19	-56	+5	-20	+12	0	+1	-21	+5	0
운수창고	+199	+16	-216	-9	-37	-30	0	-1	-64	-12	-1
통신업	-112	-62	+176	+82	+46	+19	0	+1	+24	+9	-2
금융업	-557	-296	+875	+516	+71	+172	+1	+7	+19	+65	-35
은행	-169	+74	+97	+21	+39	+45	-11	0	-2	+3	-1

위 화면을 보면 외국인과 기관투자자들은 순매수를, 개인은 순매도를 하는 모습을 볼 수 있습니다. 이때 시장에서 집중적인 매수를 하고 있는 기관투자자들은 전기전자업종을 대량 매수하고 있음을 알 수 있습니다. 이외에 금융업종에 대한 기관매수도 상당합니다. 그리고 외국인의 경우 전기전자, 유통업, 의약품 등은 매수를 하고 금융업은 매도를 하고 있습니다. [업종별투자자별순매수]는 실시간 으로 집계되기 때문에 수급동향을 파악하기 위해서는 매번 관심을 가지고 봐야 합니다.

이렇게 업종별로 매매되는 것이 파악되면 그 다음은 외국인투자자와 기관투자 자들이 어떤 종목에 매수를 집중하고 있는지도 알아봐야 합니다.

먼저 외국인투자자의 매매동향입니다. 당일 또는 특정 기간 중에 이들이 어떤 종목을 많이 사고팔았는지를 알아보기 위해서는 [기간별매매상위]의 종목을 파악해야 하는데 다음과 같은 화면을 통해서 알 수 있습니다.

① [0242] 외국인정보 - 기간별매매상위

| 종목별매매동향 | 한도소진율상위 | 기간별매매상위 | 연속순매매상위 | 한도소진율증가상위 | 외국인일별거래동향 |

○전체 ●코스피 ○코스닥   ●순매수 ○순매도 ○순매매   ○당일 ●전일 ○5일 ○10일 ○20일 ○60일   조회 다음

순위	종목명	현재가	전일대비	매도호가	매수호가	거래량	순매수수량	취득가능수량
1	SK하이닉스	81,900 ▲ 1,900		81,900	81,800	5,899,410	2,608,371	380,696,355
2	서울식품	161 ▼ 1		162	161	6,379,886	2,339,607	326,008,682
3	대한전선	882 ▲ 7		883	882	7,634,949	956,574	838,978,119
4	KODEX 코스닥150	14,500 ▲ 350		14,500	14,495	17,248,123	932,792	69,276,974
5	KODEX 코스닥 150	14,030 ▲ 150		14,035	14,030	4,262,447	753,187	24,141,575
6	삼성전자	61,000 ▲ 600		61,000	60,900	17,877,075	725,748	2,626,355,494
7	KB금융	38,350 ▲ 50		38,400	38,350	1,494,998	594,821	142,863,285
8	쌍방울	690 ▼ 5		691	690	2,826,807	526,407	233,946,949
9	삼부토건	1,810 ▲ 215		1,810	1,805	13,400,209	523,561	135,098,531
10	메리츠증권	3,310 ▲ 40		3,310	3,305	2,052,402	419,943	592,297,542
11	한창	1,120 ▼ 20		1,125	1,120	1,156,845	419,380	33,448,136
12	드림텍	17,500 ▼ 850		17,550	17,500	3,670,373	390,920	48,380,931
13	보락	2,850 ▲ 5		2,850	2,845	39,750,376	360,640	59,295,936
14	대한항공	19,150 ▲ 500		19,150	19,100	2,734,410	324,222	66,235,187
15	한솔홈데코	1,560 ▼ 60		1,565	1,560	8,125,173	324,120	78,446,969

여기서 알 수 있는 점들은 다음과 같습니다.

❶ 전체 시장을 모두 볼 것인지 아니면 거래소시장이나 코스닥시장 등 특정 시장을 볼 것인지를 결정할 수 있습니다.

❷ 순매수 상위종목, 순매도 상위종목 그렇지 않으면 순매매로 상위종목을 볼 것인지를 결정할 수 있습니다.

❸ 당일, 전일, 최근 5일, 최근 10일, 최근 20일, 최근 60일 등 기간을 지정해서 외국인들의 매매를 파악할 수 있습니다.

또한 외국인들이 연속해서 순매수, 순매도 하는 종목군도 다음 화면인 [연속순매매상위]를 통해서 파악할 수 있습니다. 이 화면에서는 최근 3일간 연속으로 순매매가 나타난 종목 가운데 주식 수를 기준으로 상위종목들을 보여주고 있습니다. 이런 수급분석을 체계적으로 해나간다면 시장의 관심이 어떤 종목에 집중되어 있는지를 알 수 있습니다.

종목명	현재가	전일대비	09/14	09/11	09/10	합계	외국인한도소…
서울식품	161 ▼	1	1,302,788	91,277	1,009,349	2,403,414	3.38%
자안	368 ▲	5	1,296,190	449,887	312,471	2,058,548	2.54%
대한전선	882 ▲	7	1,044,734	22,846	671,739	1,739,319	2.04%
KODEX 코스닥150	14,500 ▲	350	427,520	304,350	664,721	1,396,591	3.11%
우리기술	984 ▲	18	743,415	71,746	529,763	1,344,924	2.01%
판타지오	914 ▼	151	320,498	312,394	390,082	1,022,974	1.58%
미래에셋대우	9,280 ▼	50	103,664	432,409	376,184	912,257	13.45%
이화전기	150 ▲	3	260,906	208,169	390,933	860,008	2.34%
보해양조	864 ▼	16	340,266	19,485	451,266	811,017	2.08%
KODEX 코스닥 150	14,030 ▲	150	158,650	367,559	165,745	691,954	11.89%
대창솔루션	360 ▲	7	554,560	76,405	59,145	690,110	1.26%
골든센츄리	259 ▲	2	442,571	47,764	194,467	684,802	37.17%
팬오션	3,500 ▲	10	273,636	103,711	181,904	559,251	11.31%
엔케이물산	361 ▼	8	278,117	129,657	138,167	545,941	3.59%
리더스 기술투자	588 ▲	18	68,985	190,099	274,030	533,114	0.81%

외국인투자자의 수급을 살펴봤다면 이번에는 기관투자자의 매매종목도 살펴
볼 수 있습니다. 다음 화면을 통해서 하루 중 또는 일정 기간 중에 기관투자자의
순매수와 순매도가 많은 종목들을 살펴봅시다.

조회기간 최근일 ▼ 2020/09/14 ~ 2020/09/15

순 매 도			순 매 수		
종목명	수량(백주)	금액(백만원)	종목명	수량(백주)	금액(백만원)
KODEX 200선물인버	216,150	85,294	SK하이닉스	12,937	104,647
한화솔루션	12,516	55,668	KODEX 레버리지	61,515	96,836
NAVER	1,395	42,311	현대차	3,841	68,215
카카오	706	25,832	삼성SDI	1,166	51,471
삼성전자	3,751	23,655	KODEX 200	12,440	39,669
KODEX 인버스	36,083	19,202	롯데케미칼	1,677	36,380
LG전자	1,970	18,160	KODEX 코스닥150 레	25,122	35,851
셀트리온	525	15,559	기아차	5,425	24,142
삼성바이오로직스	202	15,420	삼성전자우	3,535	18,414
이마트	966	14,226	신세계	632	13,689
대림산업	1,662	13,856	엔씨소프트	151	12,484
KT&G	1,547	13,111	한국타이어앤테크놀	3,345	11,073
CJ제일제당	329	12,840	삼성전기	488	7,112
한화	4,084	11,314	SK이노베이션	441	7,016

이때 조회기간을 조정하면 투자자가 원하는 기간 동안 기관투자자들이 순매수, 순매도를 많이 한 종목들을 확인할 수 있습니다.

이렇게 외국인투자자와 기관투자자들이 시장에서 어떤 업종, 그리고 어떤 종목을 많이 매매했는지 확인하고 나면 이제 개별종목의 매매를 확인해볼 필요가 있습니다. 개별종목에 대해서 외국인과 기관의 매매동향을 일목요연하게 볼 수 있는 화면은 [종목별투자자] 입니다.

▼ 홈 → 주식 → 투자자별매매 → 종목별투자자

위에서 개인, 외국인, 기관이 종목별, 일자별로 어떤 매매를 했는지를 확인할 수 있습니다. 또한 이때는 순매매 금액으로 확인할 것인지 아니면 순매매 수량으로 확인할 것인지를 선택할 수 있습니다.

수급을 분석하는 데 있어 가장 중요한 것은 외국인투자자나 기관투자자들이 수급상에 추세를 보이고 있느냐를 확인하는 것입니다. 즉, 하루 사고 하루 파는 움직임은 큰 의미가 없습니다. 따라서 3일 연속 매수를 한다거나 3일 연속 매도를 하는 등 추세적으로 움직이는지를 확인할 필요가 있습니다. 이를 확인하기 위한 조건검색이 HTS에 있습니다.

▼ 홈 → 조건검색 → 시세분석 → 외국인 → 외국인지분율 연속상승하락

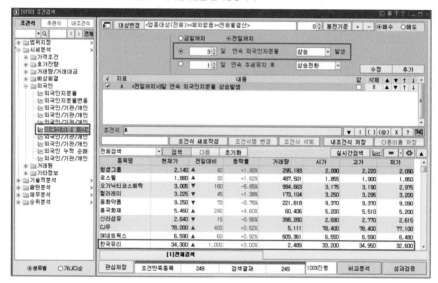

위 화면은 외국인 지분율이 연속으로 상승한 후 상승발생한 조건을 만족시키는 종목들을 조건검색을 통해 발굴해낸 결과입니다. 검색된 종목을 클릭하면 차트를 볼 수 있습니다.

차트에서 특히 시각적으로 외국인의 지분율 상승을 확인할 수 있는 것은 차트 하단부의 원으로 표시된 부분입니다. 이를 설정하려면 차트 위에 마우스를 대고 오른쪽 버튼을 눌러 지표추가를 클릭하세요. 그러면 다음과 같이 [지표 추가/전

환 – 기술적지표] 창이 나타납니다. 여기서 외국인보유비중, 보유수량, 순매수 등 관련 지표를 추가하면 됩니다. 셋 중에 어느 것을 선택해도 무방합니다. 본인이 판단하기 쉬운 것을 선택하면 됩니다.

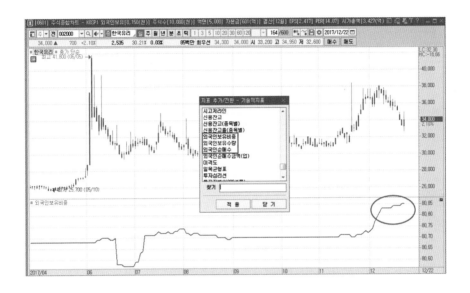

주식시장에서 수급의 주체 가운데 가장 중요한 쪽은 외국인투자자와 기관투자자입니다. 그렇다면 개별종목의 수급 상황 가운데 가장 좋은 것은 외국인과 기관이 동시에 매수하는 종목일 겁니다. 이렇게 양쪽 수급주체가 모두 매수를 하는 상황을 시장에서는 '쌍끌이매수'라고 부릅니다. 원래는 어선들이 어업을 할 때 쓰는 용어지만 주식시장에도 잘 맞는 용어라서 별다른 비판 없이 쌍끌이매수, 쌍끌이매도 등으로 쓰고 있습니다.

예를 들어 외국인투자자와 기관투자자들이 3일 연속 쌍끌이를 하고 있는 종목을 조건검색을 통해 찾아봅시다. 이때도 앞서와 마찬가지로 시각적으로 외국인과 기관의 매매를 보고 싶다면 지표 추가 창을 통해 추가해서 보면 됩니다. 원으로 표시한 것과 같이 외국인과 기관투자자들의 매매동향을 그래프로 확인할 수 있습니다.

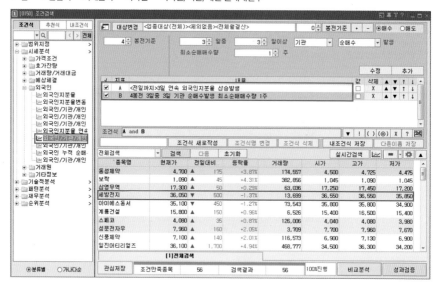

이렇듯 수급분석을 면밀히 해나가면 시장에서 부실한 종목을 선택해서 낭패를 볼 가능성을 크게 줄일 수 있습니다.

02

종목 발굴 방법

인공지능을 이용하여
종목을 찾아내라

HTS에는 수식을 작성하지 않고도 편리하게 종목을 발굴할 수 있는 인공지능 기능이 탑재되어 있습니다. 인공지능검색은 종목 발굴, 기술적 패턴검색, 가치주 발굴의 세 가지 시스템으로 구성되어 있습니다. 이때 기술적 분석과 관련 있는 것은 바로 종목 발굴과 기술적 패턴검색입니다.

먼저 종목 발굴 시스템에 대해 살펴보겠습니다. 종목 발굴 시스템은 매매가 활발하게 이루어지는 시간대인 장초반과 오전 시간대에 활용하기 좋은 종목들을 기술적 분석에 의거하여 발굴하는 것입니다. 금일 단기유망주, 장초반 공략, 오전장 공략, 인기 패턴 포착 화면으로 구성되어 있습니다.

금일 단기유망주

오늘 하루의 매매를 위해서 과거 주식시장의 통계자료를 바탕으로, 시가보다 오를 확률이 높은 20개의 종목들을 보여주는 화면입니다. 전날 종가를 기준으로 10일간의 주가 패턴을 통계적으로 분석합니다. 왼쪽에는 거래소에 해당하는 차트와 그에 따른 정보가, 오른쪽에는 코스닥에 해당하는 차트와 정보가 나타납니다.

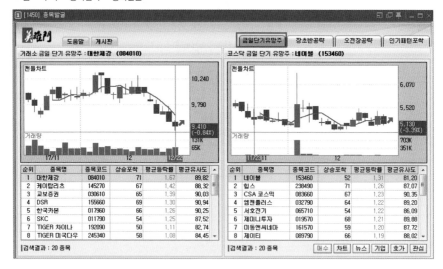

장초반 공략

장초반의 매매를 위해 과거 주식시장의 통계자료를 바탕으로, 장초반 약 10분 전후로 강하게 오를 확률이 높은 종목들을 보여주는 화면입니다.

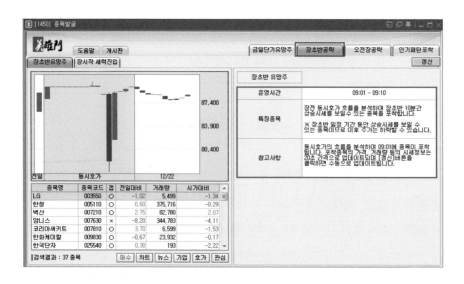

장초반 유망주 ▎ 장 시작 직후 10분간 시가와 대비하여 상승 흐름으로 이어질 가능성이 높은 종목을 발굴해줍니다. 단기고점을 형성할 수 있는 단기매매 종목을 포착합니다.

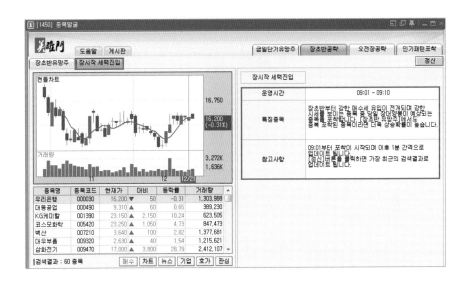

장시작 세력진입 ▎ 장시작 직후 10분간의 세력진입을 분석하여 당일 장대 상승 흐름으로 이어질 가능성이 높은 종목을 발굴해줍니다. 강한 매수세가 급격히 유입되며 장대양봉이 예상되는 종목을 포착합니다.

오전장 공략

오전장의 매매 흐름을 보고서 상승 전망이 좋은 종목을 찾아내는 것으로, 오전장 매집골든이 있습니다. 장시작부터 11시까지의 시간 가운데 매수세가 강한 종목, 특히 5일선을 강하게 돌파하는 종목을 발굴해줍니다. 세력의 매집과 추가 상승 여력이 높은 종목을 포착합니다.

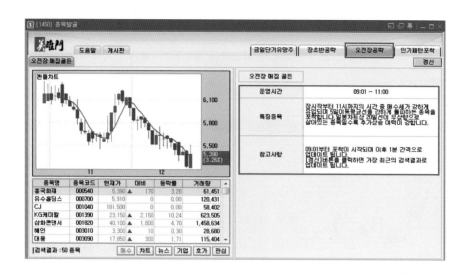

인기 패턴 포착

인기 패턴 포착은 주요 패턴이나 매매시점 등을 검색식으로 찾을 수 있게 재탄생된 검색화면입니다. 다양하게 제공하는 특정 패턴들은 결과가 우수한 조건들로 제공되므로 이를 이용한다면 매매에 유망한 종목들을 발굴할 수 있습니다. 특히 화면의 박스 부분을 보면 여러 가지 검색조건들을 볼 수 있는데 주요 내용을 살펴보면 다음과 같습니다.

황금조건 ┃ 5일선 재반등, 지지 후 전고점 돌파 시도, 단기 낙폭 과대 후 반등 시도, 이동평균선 밀집, 주가 골든크로스, 거래량 지속 증가추세, 거래량 증가 돌파시도, 역배열 저가 지지 패턴 등의 조건에 맞는 종목을 검색해줍니다.

데이 트레이딩 ┃ 10분 하락 중 3양봉, 10분 주가 골든크로스, 10분 횡보 후 저항선 돌파, 10분 이동평균선 밀집 정배열, 이동평균선 정배열 등의 조건에 맞는 종목을 검색해줍니다.

상승 패턴 | 상승 전환, 지지선 근접 반등, 거래량 증가 지지선 안착, 저가물량 소화형, 바닥 확인 재상승, 주가평균선 밀집, 십자선 패턴, 전고점 돌파 직전 거래량 증가, 신고가, 전저점 지지 후 반등 시도 등의 조건에 맞는 종목을 검색해줍니다.

인기 패턴 | 매집 후 상승삼각형 패턴, 단기 낙폭 기술적 반등, 쌍바닥 눌림목, 역배열 쌍바닥, 신고가 갱신, 골든크로스 임박, 모닝스타 등의 조건에 맞는 종목을 검색해줍니다.

지표신호 발생 | MACD 골든크로스, 스토캐스틱 골든크로스, RSI 골든크로스, 볼린저 밴드의 밴드 돌파, OBV 상승, 이격도, TRIX, CCI, 투자심리선, LRS^{Linear Regression Slope} 등의 조건에 맞는 종목을 검색해줍니다.

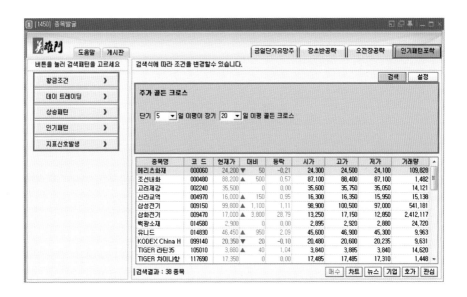

03

인공지능기능을 이용한 패턴 검색

인공지능으로
편리함을 누려라

인공지능을 이용한 기술적 패턴검색 시스템은 인공지능으로 주가의 최근 흐름을 패턴화시킨 후 동일한 패턴을 보이는 종목들을 포착하는 시스템입니다. 유사 패턴 종목, 유사 패턴 시점, 관심종목 검색, 드로잉 검색, 비주얼 검색, 통계박사 화면 등으로 구성되어 있습니다.

유사 패턴 종목

차트 조회를 하다가 특정 종목에서 내가 원하는 패턴을 발견했을 때 그 종목에 관심을 가지고 보게 될 것입니다. 유사 패턴 종목에서는 사용자가 원하는 패턴의 종목을 선택하면 그와 동일한 패턴을 보이는 종목을 검색할 수 있습니다.

　HTS에서 [주식] → [종목검색] → [패턴검색] 메뉴로 들어가 화면을 살펴봅시다. 먼저 왼쪽 상단에서 관심 있는 종목의 패턴을 선택한 후 유사한 패턴을 보이는 종목을 검색하면 우측 하단의 박스에 해당 종목들이 나타납니다.

　문제는 과연 이런 패턴이 얼마나 상승 또는 하락할 가능성이 있는가 인데요. 이때는 통계박사를 클릭해서 통계적으로 상승 또는 하락 가능성을 알아볼 수 있습니다.

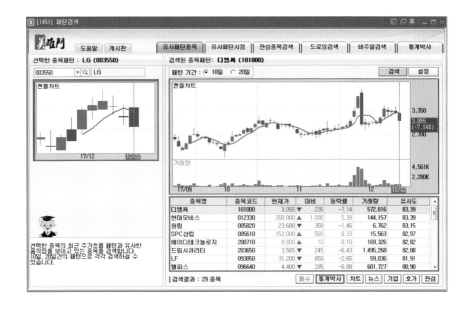

　　통계박사를 통해서 보면 유사 패턴을 보이는 종목들의 상승종목 수와 하락종목
수, 그리고 평균등락률이 나타나고 그래프에서 예상 진행방향에 대한 화살표도
나타납니다. 기술적 분석을 주도적으로 하기 어려운 투자자들에게 유용합니다.

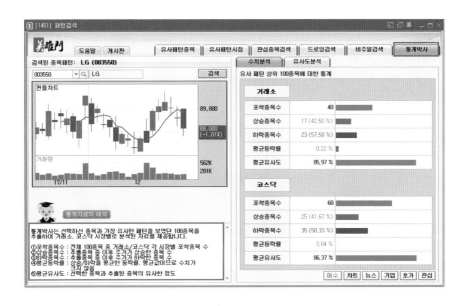

유사 패턴 시점

유사 패턴 시점에서는 선택한 종목의 과거 데이터 가운데 동일한 흐름을 검색할 수 있습니다. 즉, 선택한 종목 내에서 최근의 주가 흐름과 유사한 패턴이 발생했던 과거 시점을 찾아줍니다. 검색결과인 발생시점을 마우스로 클릭하면 발생 당시의 차트를 조회할 수 있어 이후 주가 흐름이 어떠했는지 확인할 수 있습니다. 이때 화면상에서 각 항목의 의미는 다음과 같습니다.

1 포착시점: 선택한 기간 동안에 발생한 패턴의 기간을 표시합니다.

2 대비: 패턴 발생 후 5일이 지난 뒤의 가격 상승과 하락을 표시합니다.

3 등락률: 패턴 발생 후 5일이 지난 뒤의 등락률을 표시합니다.

4 총거래량: 패턴 발생 후 5일이 지난 뒤의 거래량의 총합을 표시합니다.

5 평균거래량: 패턴 발생 후 5일 동안의 평균 거래량을 표시합니다.

6 유사도: 검색한 패턴과의 유사도(%)를 표시합니다.

관심종목 검색

관심 그룹에 저장해놓은 종목과 유사한 패턴을 보이고 있는 종목을 자동으로 실시간 포착해주는 서비스입니다. 원하는 형태의 봉 패턴을 보이고 있는 종목을 관심종목에 추가하기만 하면, 관심종목 검색은 그와 동일한 봉 패턴을 보이고 있는 종목을 실시간으로 알아서 검색합니다. 이를 위해서는 자신의 관심종목을 설정해놓아야 합니다.

관심종목 검색은 좋은 주가 흐름을 보이는 종목 위주로 관심종목을 재구성할 때 이용하면 편리합니다. 물론 통계박사를 이용할 수 있습니다.

드로잉 검색

원하는 패턴을 마우스로 그려 해당 패턴과 유사한 종목을 찾아주는 서비스입니다. 수식을 입력하지 않아도 사용자가 원하는 종목을 쉽게 발굴할 수 있습니다.

또한 드로잉 검색은 자신이 좋아하는 패턴을 직접 손으로 그려서 검색할 수 있고 그 패턴을 저장할 수도 있는 편리한 기능이 있습니다. 아래 화면을 보면 왼쪽에는 기존에 그려진 패턴이 있습니다. 여기서 모눈종이 모양의 평면에 마우스를 대고 자신이 원하는 패턴을 그리고 검색을 하면 비슷한 패턴의 종목들이 나타납니다.

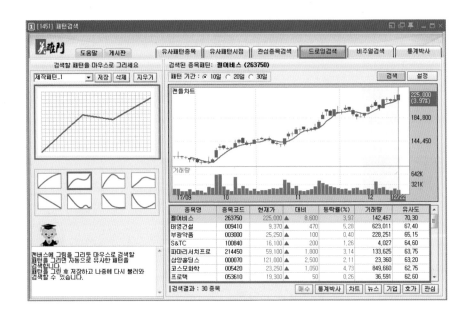

비주얼 검색

선택된 종목의 차트 가운데 원하는 부분을 마우스로 드래그하여 반전시켜 선택한 후 검색 버튼을 누르면 현재 반전된 봉 패턴 영역과 유사한 패턴을 보이고 있는 종목이 검색됩니다. 특정 종목의 특정 부분 봉 패턴과 유사한 움직임을 보이고 있는 종목을 검색하고 싶은 경우 유용합니다.

다음 화면에서와 같이 LG와 비슷한 봉 움직임을 보이는 종목을 선택할 수 있습니다. 노란색으로 반전된 봉 부분을 선택해서 검색하면 유사 패턴의 종목이 검색되어 나옵니다.

현재 LG와 비슷한 움직임을 보인 종목들 가운데 미창석유의 그래프를 클릭해 보니 실제로 LG와 움직임이 유사하다는 것을 확인할 수 있습니다.

이렇듯 HTS는 수급분석과 이를 토대로 한 조건검색, 그리고 조건식을 직접 적용하기 어려운 투자자들을 위한 인공지능기능에 이르기까지 매우 다양한 종목 검색 시스템을 갖추고 있습니다. 따라서 HTS를 제대로 이용한다면 투자의 성공 확률을 높일 수 있습니다.

차트분석의 5계명을 반드시 기억하세요

차트분석은 증권분석에서 가장 오래되고 전통적인 방법입니다. 그래서 많은 사람들이 차트분석을 믿고 또 가장 많이 사용하고 있습니다. 그러나 차트분석을 통해 큰 성공에 이른 사람은 많지 않습니다. 그래서《저는 차트분석이 처음인데요》를 마치면서 차트분석을 할 때 유의해야 하는 5계명을 통해 성공투자에 이르는 길을 제시해볼까 합니다.

차트분석이 반드시 맞지는 않습니다

주식시장에서는 "기껏해야 차트, 그래도 차트"라는 말이 있습니다. 이 말은 차트분석을 100% 신뢰할 수는 없지만 그렇다고 해서 차트분석을 무시할 수 없다는 말입니다. 주식투자를 하는 데 있어서 전적으로 차트분석에만 매달려서는 안 됩니다. 차트분석은 언제라도 틀릴 수 있다는 점을 기억하면서 시세 판단에 유연하게 접근해야 합니다.

수급동향에 주목하세요

수급분석도 차트분석의 한 영역입니다. "수급은 모든 재료에 우선한다"라는 말이 있습니다. 아무리 좋은 호재가 나와도 매수세가 없으면 주가가 오르지 못하고, 아무리 나쁜 악재가 나와도 매수세가 왕성하면 주가는 올라가게 됩니다. 따라서 시장의 수급주체인 외국인투자자와 기관투자자들의 매매동향을 항상 주시하고 있어야 합니다. 이는 모든 종목의 기업분석을 할 수 없는 개인투자자의 입장에서는 기업분석에 강점을 가진 수급주체들과 기업정보를 공유하는 방법이 되기도 합니다.

주가보다 거래량에 주목하세요

투자자들이 알고 싶어 하는 것은 바로 주가의 움직임입니다. 그러나 주가는 종종 속임수로 투자자들을 울립니다. 그래서 주식투자에 실패하는 경우가 많이 나타납니다. 그러나 아무리 속이려고 해도 속이지 못하는 것은 바로 거래량입니다. 주식을 사야 하는 사람이 가격을 내려가면서 살 수는 있지만 거래량을 줄여가면서 살 수는 없기 때문입니다. "주가는 거래량의 그림자"라는 투자격언을 상기하면서 거래량 동향에 더욱 더 주목해야 합니다.

너무 잦은 매매를 피하세요

차트분석은 매매신호를 찾아가는 과정입니다. 그러나 시장에서 차트는 투자자들에게 너무도 빈번하게 매매신호를 보내줍니다. 심지어는 하루에도 수십 차례의 매매신호를 보내는 경우도 있습니다. 지나치게 잦은 매매는 매매비용이 너무 많이 들게 만들어 투자의 실패로 이어지는 경우가 많습니다. 따라서 차트분석을 하되, 지나치게 자주 매매를 하는 것을 삼가야 합니다.

지표 간의 크로스 체크를 통해 오류를 줄이세요

기술적 지표는 수십 가지가 됩니다. 그런데 많은 투자자들은 자신이 가장 자신 있는 지표 하나만 보면서 매매합니다. 물론 하나의 지표만으로 투자를 할 수도 있습니다. 그러나 그 지표의 모든 장단점을 다 알고 투자하기는 쉽지 않습니다. 따라서 적어도 2~3개의 기술적 지표들을 크로스 체크해야 합니다. 이를 통해 모두가 매수신호를 발생시키는지 아니면 매수와 매도의 신호가 서로 엇갈리는지를 확인하면서 매매에 임해야 합니다. 하나의 기술적 지표만 고집하는 것은 현명한 분석 태도가 아닙니다.

석우 씨는 [투자자별일별매매종목] 화면에서 다음과 같은 종목을 검색해 일광 씨에게 알려주었습니다. 이제 일광 씨는 이들 종목을 이용해서 외국인 순매수 이후 주가상승이 있었는지 알아봐야 합니다.

① [0795] 투자자별 매매동향 - 투자자별일별매매종목

투자자별매매종합 시간대별투자자 당일추이 일별동향/차트 순매수추이 업종별투자자순매수 당일매매현황 투자자별누적순매수 **투자자별일별매매** 종목별투자자

◉코스피 ○코스닥 　◉금액 ○수량 　◉전체 ○순매수 ○순매도 　조회기간 기간입력 ▼ 2017/09/01 ~ 2017/11/30 　조회

○개인 ◉외국인 ○기관계 ○금융투자 ○투신 ○기타금융 ○은행 ○보험 ○연기금등 ○국가 ▼기타법인 ▼

순매도				순매수			
종목명	수량(백주)	금액(백만원)	현재가	종목명	수량(백주)	금액(백만원)	현재가
KODEX 200	294,680	973,477	32,130	LG화학	17,419	706,401	393,500
삼성전자우	2,973	630,008	2,002,000	LG전자	56,109	519,118	100,000
삼성전자	1,761	416,752	2,485,000	엔씨소프트	9,761	440,697	436,500
아모레퍼시픽	14,172	414,831	299,000	현대차	23,038	349,092	153,000
TIGER 200	120,396	395,504	32,185	삼성SDI	15,345	337,208	202,500
LGCI스플레이	119,163	356,217	30,000	LG	36,049	307,381	88,000
LGO I노텍	17,973	293,272	144,000	현대중공업	20,024	282,820	134,000
카카오	20,196	292,859	129,500	KB금융	48,024	281,580	62,300
삼성바이오로직스	6,897	258,142	347,000	OCI	20,458	233,780	127,500
한국전력	65,009	254,812	38,750	고려아연	4,496	231,453	483,000
SK텔레콤	8,593	214,295	274,000	넷마블게임즈	13,149	212,059	183,000
LG유플러스	157,673	207,031	14,400	SKO I노베이션	9,207	192,020	204,000
NAVER	2,599	186,366	862,000	롯데케미칼	4,910	186,050	360,500
SK하이닉스	18,271	133,589	76,700	한미약품	3,750	181,081	573,000

　　일단 순매수금액이 가장 컸던 LG화학의 움직임을 확인해보겠습니다.

　　다음 페이지의 차트에서 7월 이후 외국인 매매와 주가 움직임을 살펴봅시다. LG화학은 여름을 지나면서 외국인들이 순매수를 하는 구간에서 주가가 꾸준히 상승했습니다. 연초 이후에는 외국인투자자들의 매매가 지지부진하여 주가도 작은 폭의 등락만 거듭했습니다. 따라서 주가가 지속적으로 상승하기 위해서는 수급상 매수세가 이어져야 한다는 것을 알아야 합니다.

다음으로 두 번째로 많이 산 LG전자를 살펴봅시다. LG전자도 LG화학과 마찬가지로 외국인 매매와 주가 움직임이 밀접하게 연결되어 있음을 보여줍니다.

응용문제 1

주식시장의 주요 수급주체들은 외국인, 기관, 개인입니다. 그러나 그중 의미 있는 매수세력은 역시 외국인투자자와 기관투자자들입니다. 이들이 업종별 종목을 골고루 매수하는지 특정 업종의 종목을 집중적으로 매수하는지 확인하면 좋습니다.

검증을 위해 10일 전을 기준으로 외국인과 기관투자자들이 7일 이상 순매수한 종목들을 검색조건을 통해서 찾아보시기 바랍니다.(참고: 검색조건 TR코드는 0150번임)

Answer

위와 같은 조건으로 검색이 된 종목들은 다음 화면과 같습니다.

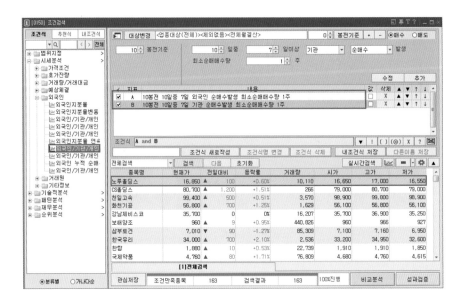

이 중에서 제일 위에 검색된 노루홀딩스의 차트를 살펴보겠습니다.

노루홀딩스의 경우 외국인과 기관투자자들의 동시 매수에 힘입어 주가도 매우 탄력적으로 상승하는 모습을 보이고 있습니다. 이렇듯 주식투자를 할 때 수급분석은 가장 기초적이면서도 중요한 작업입니다.

응용문제 2

최근에는 인공지능의 역할이 커지면서 소위 빅데이터Big data를 통해서 종목을 선별하는 것도 가능해졌습니다. 각 증권회사에서는 자기 회사에서 거래하는 투자자들의 매매를 분석해서 유용한 정보로 활용하고 있습니다. 바로 [빅데이터 종목파인더]라는 기능입니다.

빅데이터 종목파인더를 통해 나와 비슷한 성향을 가진 사람들은 어떤 종목을 주로 매매하고 있는지를 알아봅시다. (TR코드: 4192번)

Answer

먼저 연령대는 40대, 투자 규모 5,000만 원 이상, 매매회전율은 전업투자자가 아닌 중빈도의 투자자들, 선호주식은 가치주, 그리고 투자성적이 좋은 우수투자군을 선택해서 종목들을 검색해봅니다.

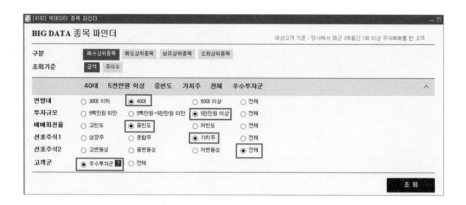

검색결과는 다음과 같습니다.

	BIG DATA 종목 파인더 조회결과										
		2017-12-21						2017-12-20			
순위	종목명	현재가	대비	등락률	전일매수금액	순위	종목명	현재가	대비	등락률	전전일매수금액
1	신라젠	81,000 ▲ 5,400		+7.14%	213,379,900	1	코오롱생명과학	133,000 ▲ 6,300		+4.97%	139,405,500
2	삼성전자	2,485,000 ▲ 28,000		+1.14%	135,114,000	2	안랩	51,900 ▼ 1,400		-2.63%	117,987,500
3	카카오	129,500 ▲ 500		+0.39%	93,825,500	3	엔씨소프트	436,500 ▲ 500		+0.11%	80,255,500
4	LG이노텍	144,000 ▲ 5,000		+3.6%	63,174,500	4	셀트리온헬스케어	95,900 ▲ 6,800		+7.63%	75,149,400
5	KODEX 레버리지	16,985 ▲ 145		+0.86%	62,771,960	5	텔콘	12,950 ▲ 50		+0.39%	59,949,150
6	파미셀	5,240 ▼ 20		-0.38%	61,845,160	6	한화갤러리아타임월드	36,650 ▲ 750		+2.09%	58,363,500
7	삼성물산	123,000 ▼ 4,000		-3.15%	52,809,500	7	아모레퍼시픽	299,000 ▼ 1,500		-0.5%	51,302,500
8	위메이드	47,900 ▲ 4,650		+10.75%	46,713,500	8	현대차2우B	104,500 ▲ 2,000		+1.95%	51,011,500
9	파라다이스	21,100 ▲ 100		-0.47%	40,036,500	9	코웨이	99,300 ▼ 1,200		-1.19%	49,000,000
10	시큐브	1,925 ▲ 70		+3.77%	39,048,035	10	위메이드	47,900 ▲ 4,650		+10.75%	42,735,000

위 화면은 원래는 다음과 같이 하나의 화면으로 구성되어 있습니다.

2017년 12월 20일과 21일에는 위 조건에 부합하는 투자자들이 가장 많이 매수한 코오롱생명과학과 신라젠으로 검색되었습니다. 이렇게 인공지능을 이용한 종목선택은 더욱 다양해질 것으로 보입니다. 그러나 주식투자의 본질은 기업의 실적에 기반을 둔다는 점을 기억하면서 다양한 기능들을 이용해보시기 바랍니다.

찾아보기

ㅈ

A–Z